# ビッグデータから見える韓国

## 政治と既存メディア・SNSのダイナミズムが織りなす社会

チョ・ファスン
ハン・ギュソプ
キム・ジョンヨン
チャン・スルギ [著]

木村 幹 [監訳]
藤原友代 [訳]

東京 白桃書房 神田

Seeing the New Trend in Korean Politics through Big Data
Copyright ⓒ 2016 by Jho Wha-Soon, Hahn Kyu-Sup, Kim Jeong-Yeon, Jang Seul-Gi
All rights reserved.

No part of this book may be used or reproduced in any manner
whatever without written permission except in the case of brief quotations
embodied in critical articles or reviews.

Original Korean edition published by HanulMPlus Inc.
Japanese edition is published by arrangement with HanulMPlus Inc.
through BC Agency, Seoul.

## 日本語版出版にあたって

　韓国の政治や社会におけるさまざまな現象を紹介した『ビッグデータから見える韓国政治と既存メディア・SNSのダイナミズムが織りなす社会（韓国語原題『빅데이터로 보는 한국정치 트렌드』）』が日本で出版されることになり，大変嬉しく思う。本書は韓国政治のトレンドを，韓国の政治プロセスにおける政党と選挙，近年の韓国社会の価値観，市民社会における世論の形成過程などを通し総合的に分析したものである。いくつかのキーワード分析をしながら，韓国政治が直面している現状をわかりやすく紹介したという点で，韓国の政治や社会に関心がある日本の読者にも興味深いものであろう。さらに本書は，ビッグデータという新たな分析方法を用いている点でも，日本の読者に興味深い解釈を提示できるだろうと考える。

　日本，米国，欧州をはじめとする多くの国家と同様に，近年の韓国政治においても両極化したイデオロギー間の確執が見られ，さまざまな政治勢力が対立し，派閥政治が深化する傾向にある。一方，ソーシャルメディアにおいてもエコーチェンバー化したネットワークが形成されるなど，世論のひずみがもたらされており，あるべき世論形成の障害となっている。市民の日常生活と密接に連動するソーシャルネットワークは，私たちがより良い生活を実現するための道具として活用されるよりも，イメージ重視の政治，風評重視の政治のために活用されている，というのもまた現実である。

　本書は，韓国政治および社会全体に現れている分断状況やその変化の実体を，ビッグデータ分析に基づき，具体的な事例を中心にアプローチしている。韓国政治の課題と市民の意識の偏り，メディア生態系などについて興味を持つ読者にとっては，一読の価値があると自負している。日本においても派閥政治，市民生活から遊離した政治の確

執，若年層と高齢世代の対立など，多くの点で韓国と類似した状況が見られる。この本で述べた，韓国社会における政治変動やコミュニケーションの構造変化が，日本の状況理解にも役立つものであることを願う。併せて，韓国の問題に関心を持つ日本の読者にとって，最新の韓国政治の現状を把握するための一助となることを願う。監訳者としてご尽力いただいた神戸大学の木村幹教授と翻訳者の藤原友代氏，日本の白桃書房，韓国の出版社ハヌルエムプラスの尽力に謝意を表する。

2017年6月

著者を代表して　　チョ・ファスン

## はじめに

# ビッグデータは政治領域において
# どのような可能性を秘めているのか？

　一つの流行のように，至るところでビッグデータ Big Data という
新しい言葉が話題に上っている。情報技術を基に，膨大な量の情報や
データが生産・流通・消費される時代，いわゆるビッグデータの時代
が到来し，その新たな可能性に熱狂する動きがさまざまな場所で見ら
れるようになっている。数年前，世界経済フォーラム World Economic
Forum ではすでに，最も注目すべき科学技術 1 位として「ビッグデー
タ処理技術」を選定している。ビッグデータを活用した新たな政策と
ビジネスの可能性が広がり，政府や企業もビッグデータを利用するこ
とができる分野を模索している。

　例えば 2013 年 4 月，ソウル市がビッグデータを活用してスタートさ
せた深夜専用バスは，夜半過ぎまで残業する人々に好評を得た。それ
までのバス路線は，利用客の要望があったり，バス事業所からの提案
があったときにのみ具体案として取り上げられて，運営される方式が
採られてきた。しかしソウル市が作成した深夜バスの路線は通信デー
タを分析し，特定の地域における交流人口の密度を把握し，それを分
析した上で配置されたバス路線であるという点で，これまでのものと
は一線を画している。このように，ビッグデータにより市民の移動経
路と目的地，交通量のみならず，性別，年齢層などの特徴までを把握
すれば，行政の効率と市民の利便性を同時に満たすことができるので
ある。

　このようにビッグデータが膨大な情報を提供し，それを分析する方

法論が飛躍的に発展する中で，政治学者である筆者らは，ビッグデータが政治の領域でどのような可能性を秘めているのかについて関心を持つに至った。選挙活動ではすでに，候補者の広報活動や，市民の動員，選挙組織運営など，多方面にビッグデータが活用され，成功を収めたケースが多く知られている。

'マイボ MyBO' という愛称で知られるサイトを活用した選挙キャンペーンを展開し，大統領選挙で勝利を収めた米国のオバマ大統領の選挙戦略は，Facebook の共同設立者であるクリス・ヒューズ Chris Hughes の発案によるものだった。オバマ陣営はこれにより，ネットワーク時代の選挙に勝利するためには，古い選挙戦略を変えなくてはいけないことを明確に示したのである。2016年4月13日に行われた韓国の総選挙は，政治現象を分析する方法として，ビッグデータが新たに注目される契機となった。さまざまな調査機関のデータによっても選挙結果が正確に予測できなかったという事実は，次のような問いを生んだ。ビッグデータを活用すれば，世論をもっと正確に把握できるのではないだろうか。ビッグデータを活用し，世論調査のパラダイムを変える方法はないのだろうか。そしてソーシャル・ネットワーク・サービス social network service（以下SNS）のような新たな手段により爆発的に増加した情報を活用し，複雑な政治現象を分析すれば，より客観的，合理的な政治的代案を作り上げることができるのではないだろうか。

さて，本書はこのような中，ビッグデータに関するわれわれの関心を政治領域に向け，データが示す政治現象の特徴が何を意味しているのか，どのようなことが新たに見えるのか，その含意がどのようなものなのかということについての把握を試みるものである。オンライン

空間では，新たな話題が絶え間なく生まれ，それらに関する議論が広くなされ，共感の輪が広がり，一つのトレンドが形成されてゆく。だからこそ，トレンドや世論の形成過程の背後に存在する社会的価値を読み，解釈することは，社会科学の研究者にとっての重大な関心事となる。情報技術が発展し，個人の意見が際限なく伝わる中で，世論の形成過程やコミュニケーションスタイルは画期的に変化している。ビッグデータの技術は，こうした特定の傾向や世論の探知，分類を可能にする。またビッグデータを利用すれば，政治領域で発生している，あるいは発生し得る出来事や，特定のテーマに関する人々の認識を知ることができ，市民が発信する情報を通じて，市民の感情を読み取ることができるようになる。さらに時間の経過とともに，話題となっては消えてゆくキーワードを把握すれば，市民が重要視している話題の推移を把握することもできる。ビッグデータを用いれば，政治家，政治組織，市民団体，市民の関係にSNSがどのように関わり，活用されているのかを把握し，選挙過程における世論の形成過程を追跡することも可能である。

　政治学とメディア論は，世論が反映されたデータを適切に処理し，世論を理解しようという試みを続けてきた。新たなメディア手段の登場は，相互交流，コミュニケーションスタイルの在り方を新たに拡大し，政治と社会変革の原動力を生む。公共圏として認識されたオンラインメディア，SNSを通じて流通するメッセージは同時多発的になされ，かつ膨大な量に及ぶ。ゆえにさまざまなメディアに表出される話題の相関関係を探究し，その意味を解釈することは，新たな社会科学研究の可能性を開くものである。

　本書の研究チームはこれまで，SNSにおける政治的世論の形成と，

その政治変動を促す媒体としての技術が持つ役割についてさまざまな研究を行ってきた。『集団的知性の政治経済』『ソーシャルネットワークと政治変動』『ソーシャルネットワークと選挙』など一連の書籍で，韓国社会のコミュニケーションと世論の醸成スタイルが影響を及ぼす政治の変化について，議論を深めてきた。本書はSNSにより促進される韓国政治の変化について，政治家と有権者が表出するコミュニケーション方法の変化と民主主義の未来という視点で注目してきた研究チームの問題意識を背景としている。

　「資源」としての豊富なデータを収集，解析できる技術環境が構築される中で，ビッグデータは世論を理解するに当たって多くの可能性を与えている。社会的関心の在り方の分析に加え，突発的に浮上するイシューの分析がビッグデータによりついに可能になった。李明博政権で問題になった米国産牛肉の輸入反対集会の事例が示すように，近年の社会では特定のイシューが国民や消費者の大きな関心事として持ち上がると同時に，社会全般に急速に拡散することにより，予測不可能な問題と被害が誘発されるケースも多い。従って，人々の関心を引くイシューの中で，どのようなテーマが大きな話題として広まるのかが重要であり，これを巡る現象を分析することが政府の政策構築過程に必要となっている。そして，ビッグデータはそれに適した新たな可能性を開くものである。また，近年，世論を解釈する際に用いられる世論調査法の欠点が浮き彫りにされ始めており，この点でもビッグデータのメリットが注目されるようになっている。だからこそ，ビッグデータを用いて，社会の関心や大衆の認識の流れ，世論の形成過程全般を解釈することがいかに有益であるかを示すに当たって，今こそが良い時期であると，考えたのである。

筆者らは，前述のようなビッグデータに対する社会的関心の高さ
や，必要性の高さを鑑みた時，その可能性を生かして韓国政治を分析，
あるいはその診断結果を披露する書籍が少ないということが問題であ
ると考えてきた。ビッグデータの方法論とそれを活用した解析は，政
治プロセスと選挙の現状を総合的に展望する上で興味深く，かつ新た
な解釈の基盤を提示することができる。一般の人々に，韓国の政治現
象を理解するためのビッグデータの方法論と新たに巡り合う場を提供
したい。その気持ちが，本書の執筆を始める契機となっている。
　本書ではビッグデータを通じて，韓国政治のトレンドを，政界の両
極化，ソーシャルメディアの偏向，リーダーと派閥政治，イメージと
世評の政治，世代間対立の政治，日常の政治化，メディア生態系の崩
壊という7項目に分けて論じている。「動物国会」「植物国会」などと
呼ばれる現象に関する議論と政界の両極化との間にはどのような関係
があるのだろうか。SNSで見られる偏向とSNS利用者のイデオロギー
傾向との間にはどのような関係があり，その含意はどういったものだ
ろうか。これまで世間で語られてきた韓国のリーダーと派閥政治との
関係は，ビッグデータを通じても同様に表れるだろうか。SNSが発達
し，候補者の世評とイメージを拡散する広報が広く行われているが，
これは功を奏しているのだろうか。若年世代が韓国社会の政治に対し
て抱いている感情と確執はSNSに明白に表れているが，その特徴は
どのようなものだろうか。SNSが活発に利用され，日常のイシューが
政治化される現象が見られるが，その傾向はどのようなものなのだろ
うか。そしてメディアが多様化する中，韓国政治の構図を形成し，そ
の影響を受けるメディアの生態系は，どのような特徴を示しているの
か。本書ではこれらの点について論じようと思う。

さて，本書は2013年度政府財源（教育部人文社会研究力量強化事業費）より韓国研究財団の支援 NRF-2013S1A3A2055285 を受け研究された。韓国研究財団によるSSK Social Science Korea，社会科学研究支援事業への支援は，研究者がデータを収集，分析し，その意味について討論する上で大きな役割を果たした。最新の方法論と現象を読み解き，その知的好奇心を記録するプロセスでは，資料探求を行い，その整理に従事したキム・ジョンヨン，チャン・スルギ，アン・ジユン，ピョ・ユンシン研究助教らの助けを借りた。彼らの努力に感謝の意を表したい。最後に，本書の出版のため協力を賜った出版社ハヌルエムプラスにも，謝意を表したい。

2016年6月
チョ・ファスン

## 目次

| | |
|---|---|
| **日本語版出版にあたって** | 3 |
| **はじめに** | 5 |
| **韓国政党変遷，注について，おことわり** | 14 |

### 第1章 ビッグデータの時代　　15

| | |
|---|---|
| ビッグデータ時代の到来 | 16 |
| ビッグデータの特徴 | 18 |

### 第2章 政界の両極化で　　25

| | |
|---|---|
| 動物国会 | 26 |
| 両極化と植物国会 | 31 |
| 比例代表候補者は使い捨て「強硬派」 | 34 |
| 野党分裂は国会表決記録で予測できる？ | 37 |
| 表決の地域主義 | 40 |

### 第3章 ソーシャルメディアの偏向　　45

| | |
|---|---|
| ネットセレブの偏向と世論主導 | 46 |
| Twitterのフォローは偏向しているか？ | 54 |
| SNSは世論を歪曲するか | 57 |
| エコーチェンバー現象の空間，Twitter利用者の情緒的両極化 | 59 |

11

## 第4章 リーダーと派閥政治　67

| | |
|---|---|
| 東橋洞系 対 上道洞系 | 68 |
| 親朴槿恵系 対 親李明博系, | |
| 親盧武鉉系 対 非盧武鉉系 | 70 |
| セヌリ党，派閥争いで第一党から転落 | 72 |
| 親盧武鉉系か非盧武鉉系か：平行線の野党 | 76 |
| 派閥別投票傾向 | 80 |
| 現権力と未来権力 | 82 |
| 改革派は存在するか | 84 |

## 第5章 イメージと世評の政治　89

| | |
|---|---|
| イメージ政治の力 | 92 |
| 候補者イメージとネガティブイシュー | 95 |
| 政治家の世評が選挙を左右する | 98 |
| 知名度こそが勝利のカギ | 106 |
| 安哲秀シンドロームの中の安哲秀イメージ | 112 |

## 第6章 世代間対立の政治　117

| | |
|---|---|
| 若年世代の感情の分裂 | 119 |

## 第7章 日常の政治化 127

| | |
|---|---|
| イデオロギー的消費論争：日常的イシューの政策化 | 128 |
| 大学授業料半額論争：ブログとTwitterにおけるイシューの相違点 | 132 |
| セウォル号惨事の政治化 | 139 |
| MERS騒動：サムスン病院 対 大統領責任論 | 151 |

## 第8章 メディア生態系の崩壊 157

| | |
|---|---|
| 退職ジャーナリスト1人当たりネットメディア企業1社 | 158 |
| コピペジャーナリズムとギャングメディア | 161 |
| ポータルサイトとメディア企業間の争い | 163 |
| メディア生態系崩壊の元凶はポータルサイトか？ | 167 |

| | |
|---|---|
| **原注** | 175 |
| **参考文献** | 177 |
| **監訳者解題** | 180 |
| **索引** | 192 |

13

■ 韓国政党遷移

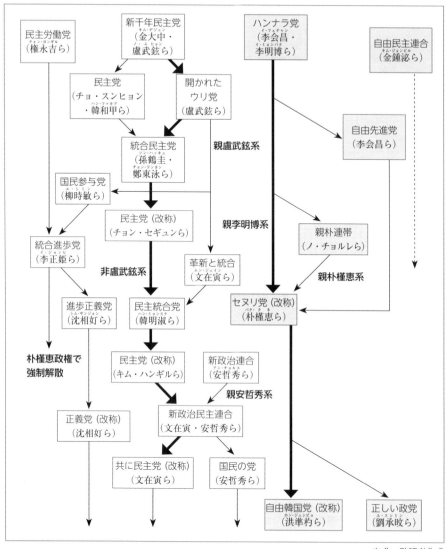

出典：監訳者作成

■注について
訳注は本文中，上付きのa，b，cなどアルファベットの小文字で示しており，ページ下に記載している。
原注は本文中，上付きの洋数字で示しており，巻末（p.175以降）にまとめている。

■おことわり
原著は2016年8月に出版されており，その後の韓国の政治変動に整合させるため，文章を過去形に直す等の最低限の変更を加えた箇所がある。

# 第1章

## ビッグデータの時代

# ビッグデータ時代の到来

　ビッグデータが注目を浴び始めたのは，比較的最近のことである。情報はインターネットとモバイル技術の発展，ソーシャルネットワークの出現により，新たな形態の可能性を持つデータへと変化している。人々のさまざまな社会的行為 social behavior や行動がデジタル化され，人々がオンライン上で結ぶあらゆる関係データが資源となると同時に，コンピューターの処理能力 computing power の飛躍的な発展は，こうしたデータの収集，分析を可能にした。データは相当部分，非定型化された形態 unstructured format として存在するが，これらを処理する適切な方法を利用すれば，資料の収集，分析にかかる費用と時間の節約が可能になる。さらにデータを再加工すれば，政府の政策決定や民間領域で下される意思決定に最適な統計を迅速に提供することも可能である。

　ビッグデータを特徴づけるものは，膨大な規模 volume，類型の多様性 variety，即時処理 velocity である[1]。情報量が急速に増大し，データが作り出されるシステム，構成などの形態は多様になった。また，日常のあらゆる瞬間からもデータを生成することができるようになり，その形態は言語，写真，音楽，動画など際限なく非定型化されている。今後も技術環境は進化し続け，情報の量や質も進化を繰り返すだろう。それにより，こうしたデータから得られる社会現象を理解するための有用性も，次第に増大していくと思われる。

　韓国におけるビッグデータへの関心は2011年から急拡大し，その後わずか数年でビッグデータの活用が急速に普及した。テキストデー

第1章　ビッグデータの時代

| 図1-1 | キーワード「ビッグデータ」の検索回数トレンド |

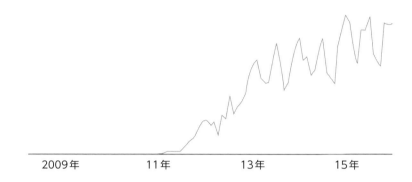

■出典：グーグルトレンド（検索：2016年5月）

| 図1-2 | 国内ビッグデータ市場規模 |

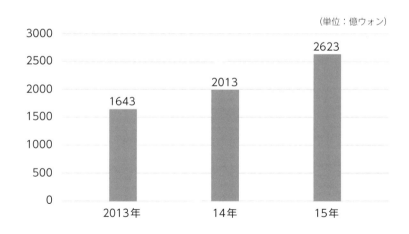

■出典：韓国情報化振興院（2015）．p.20

17

タの分析技術は目を見張るほどに発展し，多様，かつ膨大なデータを迅速に処理することが可能となった。

　韓国内のビッグデータ市場規模は，2015年時点で2623億ウォンと，前年比30％以上の成長を見せている。企業ではビッグデータをビジネスに積極的に適用し，新たな価値が創出されている。SNSに掲載された文章を分析し，トレンドを把握し，どのようなテーマが話題として取り上げられているのかを分析し，企業の意思決定に活用することがビッグデータ活用の代表的なスタイルである。一般大衆の感情と意見を把握し活用することで得られる有益性は，企業だけではなく医療，教育，公共部門，政府，政治領域にまで，広範囲に適用することができる。


## ビッグデータの特徴

　ビッグデータから得られる有用性とは何だろうか。ビッグデータを通じた分析の在り方は，既存の社会科学の方法論と比較すると，いくつか大きな特徴がある。その特徴は，社会科学で最もよく使われるアンケート調査と，ビッグデータ活用の代表的事例であるソーシャルメディアなどのテキスト分析とを比較してみるとわかりやすい。

　既存のアンケート調査は，方法論的に見ていくつかの特徴を持つ。まず既存のアンケート調査方式の最大のメリットは，母集団に対する確率標本を抽出するため，結果の代表性が保証されるということである。しかし逆説的に，サンプルの代表性はアンケート調査が持つメリットであると同時に，アンケート調査が直面せざるを得ない限界で

あると，しばしば指摘されてきた。既存の世論調査方式で最も多く使用されてきた固定電話調査方式は，携帯電話を主要通信手段とする20 〜 30代の年齢層を含まない場合が多く，近年では固定電話と携帯電話の混合調査方式を採用してこそ，より正確な代表性を確保することができると指摘されている。

ソーシャルメディアに関するビッグデータ分析には，アンケート調査とは異なるメリットがある。アンケートは平均値などを推定し全般的な傾向を調査することに有用であるのに対して，ソーシャルメディアなどを分析し世論について推論することは，母集団全体に対する代表性がなく，平均を推定することに大きな意味を付し難い。アンケートは研究者が想定できる領域に対してのみ質問することができ，回答者の回答も該当領域に限られざるを得ない。反面ビッグデータの分析は，いわゆるロングテール long-tail と言われる部分に該当するさまざまな意見に加え，大衆の感性や感情も把握可能である。すなわち，ビッグデータはアンケート調査のように平均を推定する調査には適していないが，アンケート調査では把握しにくい，隠れた現象の把握を可能にする。

こうした特徴から，ビッグデータの分析は，世論全般の傾向を推定する選挙関連の世論調査の代案としてではなく，多様な消費者層を識別することが重要なマーケティング marketing で特にその有益性を認められることが多い。例えば，クリス・アンダーソン Chris Anderson のロングテール理論は，インターネット上で消費者が望む商品を自ら探すことで，企業の販売数上位20％を占める主力商品以外に，これまで需要が低かったその他80％の商品も，利益創出に寄与することができるというものである。 ロングテール理論は，デジタル経済で

図1-3 ソーシャルメディア分析の展望

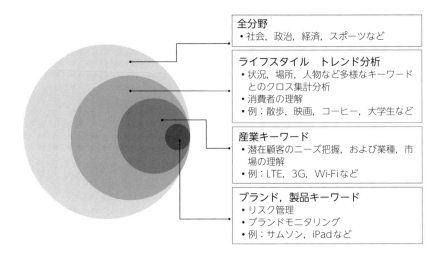

■出典：ソン・ギルヨン (2012). p.215より著者作成

は情報流通費用がほとんどかからず，商品全体の80％に該当する少量販売商品の，全体売上高に占める割合が高くなると主張する。政治領域でもロングテール現象が見られるが，これまであまり注目されなかった80％の長い尾に属する，疎外されていた個人の声がインターネットを通して顕在化しているからである[2]。

ビッグデータが活用される分野の中で政治分野，特に選挙過程におけるビッグデータ活用法を見てみると，こうしたビッグデータの特性を明確に把握することができる。米国の場合，オバマ大統領 Barack Obama は選挙運動の過程でビッグデータを活用し，説得可能な有権者を探り，直接語りかけるなど，効果的なキャンペーンを繰り広げた。

これは，ビッグデータがロングテールに属する有権者を対象にしたマイクロターゲティング micro-targeting を可能にしたために実現した戦略である。マイクロターゲティングに利用される最も核心的な分析方法は相関分析である。選挙運動で有権者が「Aという事物を好めば，Bという候補を選択する可能性が高い」という相関性を把握することで，有権者の特定情報を基に政治的立場を類推することができるのである[3]。

　韓国でも有権者のデータが体系的に構築され，候補者陣営でこれを科学的に分析することが可能な段階に来ている。ビッグデータを基に，個人の政治的傾向，話題の傾向，政治参加形態を把握することが可能になった。また，人々がオンライン上で活発に意見を交わすようになったため，彼らの意見を把握し，政治過程に反映させることが重要になった。インターネットやモバイルの利用，オンライン商取引，動画コンテンツの流通などの利用拡大，特にSNSで生成されるデータの規模が急激に増加し，ビッグデータの可能性はさらに注目を浴びている。

　ビッグデータ活用への関心が高まるにつれ，政府もまた，ビッグデータの分析と，それを国家戦略へ反映させる可能性について注目している。政府は「電子政府3.0」プロジェクトを推進しているが，これは国民に国政運営の全過程に関する情報を提供するという基本的なスタンスを前提としたものである。公共データポータルサイトは，政府機関や地方自治団体における政府業務の過程と文書を公開し，国民や専門家の参加を奨励するものであり，ソウル市の場合，「ソウル：開かれたデータの広場」に公共情報が公開されている[4]。

　政府のビッグデータ関連支援政策は2013年に樹立されたが，2014年には政府のビッグデータ関連投資規模が490億ウォンに，2015年に

| 表1-1 | 国内ビッグデータ年度別イシュー |
|---|---|

| 年度 | 主要イシュー |
|---|---|
| 2013年 | • 政府のビッグデータ支援政策樹立<br>• 初期政府公共投資230億ウォン<br>• 国内グループ企業のパイロットプロジェクト開始 |
| 2014年 | • ビッグデータ関連の政府投資が2014年490億ウォンに拡大<br>• 民間投資も増加し，前年比22.5％成長 |
| 2015年 | • ビッグデータ市場活性化のための政府投資規模が698億ウォンに増加<br>• 2014～15年は，需要者（顧客）のビッグデータ有用性認識の拡大，パイロットプロジェクトの拡大，DW/BI業務の高度化，自社関連のケーススタディーおよび関連研究などが発表される時期 |

■出典：韓国情報化振興院（2015）．p.21


は698億ウォンに拡大されている[5]。ビッグデータ事業への民間投資も毎年成長を見せている。2016年以後，企業ごとのデータ分析システムが本格的に構築され，分析サービスがさらに活性化することが予想されている。

　政府の国家情報化戦略委員会は，ビッグデータを活用することができる分野として，災害前兆の感知，口蹄疫予防，個々のニーズに合った福祉の実現，物価管理，科学技術・医療の先進化の五つを提案している。またこれらを通じて，災害の危険性とそれによる被害の程度を事前に予測し対応すること，各機関別に散在している家畜防疫と農場情報データを融合し，口蹄疫などの家畜疾病を予防すること，社会福祉統合ネットワークを構築し，適正受給者を管理すること，生産・消

第1章　ビッグデータの時代

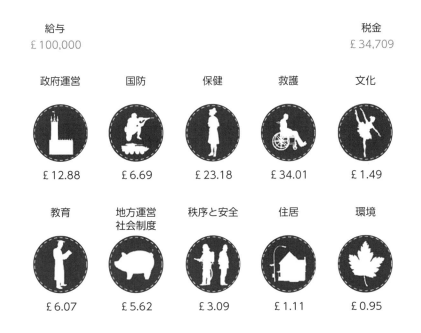

図1-4　私が払った税金は何に使われているのか

■出典：http://wheredoesmymoneygo.org/dailybread.html（検索日：2016.6.1）

費・物流情報のリアルタイムモニタリングにより物価安定対策を構築すること，DNA・医療データの共有により個々に合った医療を実現することを目的としている[6]。

　政府や公共機関が保有している公共データ public data 活用は政府の対個人サービスと直結しているため重要度が高く，米国，英国などでも活発に模索されている。例えば英国の民間機関，オープン・ナレッジ・ファウンデーション Open Knowledge Foundation が運営しているウェブサイトでは，政府が提供した公共データを利用し，一般国民

23

も理解しやすいように情報を視覚化して掲載している[7]。そこでは図1－4のように，所得を入力すると税額と税金が利用される項目を分析，視覚化し，自分が支払った税金の用途に関する情報を入手できるサービスが提供されている。

データの急速な増加に対応できるよう分析機能が強化され，それらが政府，企業，公共機関で効果的に活用されたなら，国民はこれまでとは違う革新的なサービスを享受することができる。また，データ分析技術が画期的に発展し，「R言語」のようなオープンソースアイテムが活用されれば，資料へのアクセスやデータ分析，活用が容易になる。国民は政府による国政運営の状況を簡単に把握することができ，政府側からも国民が認識する世論の流れを感知することができる。政治領域でも有権者の意見を取りまとめ，有権者が重要視するテーマについて即座に把握することができ，民主政治発展のアイテムとして活用することができるようになる。

# 第2章

## 政界の両極化で<sup>※</sup>

※一般には「分極化」といわれる，集団の議論が極端な方向に分かれ先鋭化することを，
　韓国では「両極化」と呼んでいるため，本書でも「両極化」を用いる。

# 動物国会

　韓国政治において国会は，常に批判の対象になってきた。法案審議では合意に至らないことが多く，与野党があらゆる場面で衝突を繰り返した第18代国会[a]は「動物国会」と揶揄された。第18代国会における与党は第一党の立場を利用し，強行採決による法案通過を試み，そのたびに野党が実力行使で対抗したことから，動物国会と呼ばれる状況に至ったのである。

　第18代国会の動物国会現象は，データ上でも確認できる。まず法案の平均通過率については，金泳三政権[b]では政府提出法案の通過率が97.8％に達していたが，この数字はその後下降の一途をたどり，李明博政権[c]には76.1％と，実に20ポイントも低下した。同様に，政府提出法案が通過するまでに要した期間については，70.3日から258日へと4倍近くまで引き延ばされた。法案に対して，国会が結論を出すまでに平均8カ月以上の月日を要したのである。このような状況では，誰が政権を取ろうと円滑な国政運営は望めないであろう。

　こうした状況で与党が第一党の立場を利用し，国会議長の職権上程[d]を推進することがほぼ日常化されるようになった。実際，1973年に作られた「職権上程」を適用した回数は第16代国会[e]では6回にす

a　2008〜12年。
b　1993〜98年。保守系。
c　2008〜13年。保守系。
d　法案処理において，本来必要とされる委員会による審議などを経ずに，議長の一存で，法案を本会議に上程すること。
e　2000〜04年。

第2章 政界の両極化で

図2-1 歴代政権の政府提出法案 通過率および処理期間

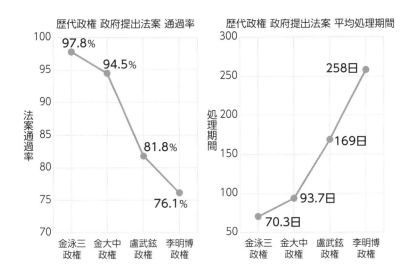

■出典：キム・ギヨル（2012）. p.129より著者作成

ぎなかったが，以後急速に増加し，第17代国会[a]では29回，第18代国会では97回に達した。

野党はこうした職権上程を「ひったくり採決」と非難，これを実力で阻止しようとし，採決を取り巻く乱闘劇が日常化することとなった。やがて動物国会という不名誉な流行語が生まれ，さらには海外メディアでも取り上げられるなど，世界に醜態をさらすに至った。

今日まで，この現象に対する責任が与野党のどちらにあるのかは，

a　2004〜08年。

図2-2 歴代国会職権上程回数

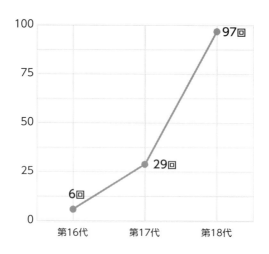

■出典：著者作成

はっきりしない。現与党[a]は進歩[b]系政党である野党の妨害行為にその原因があると主張するが，実際にデータで確認すると，金大中政権[c]から盧武鉉政権[d]へと移行した時期にも法案通過率の低下が進んでいる。すなわち，現与党である保守系政党が野党だった時期にも，こうした過激な対立傾向は進んでいたのである。従って動物国会現象は，両政党に責任があると見るのが妥当である。動物国会はある特定政党の責任であるというよりは，政治的両極化がその主原因なのである。

---

a 本書執筆時に政権を有していた朴槿恵政権下の与党のこと。以下野党についても同様。
b 韓国における政党間の大きな対立軸は「進歩」と「保守」である。
　「進歩」はいわゆるリベラルであることに加え民族主義的である。
　一方，「保守」はいわゆる保守であることに加え米国との連携を重視する。
c 1998〜03年。進歩系。
d 2003〜08年。進歩系。

第2章　政界の両極化で

　こうした状況から当然の流れとして，国会の変化と革新を求める国民の要求が高まった。第19代国会議員選挙を目前に控えた第18代国会は，与野党が競って国会議長職権上程の条件を厳格化し，米国議会で広く用いられる議事妨害 Filibuster[a]を利用しやすくする「国会先進化法」を本会議末に通過させた。国会先進化法では，天災地変や動乱など，国家の非常事態を除き，交渉団体の代表との合意がなければ国会議長が法案を本会議に職権上程できないことを定めた。合意の政治，よりよい政治を実現するためには好ましい趣旨だったが，これは必然的に国会の膠着状態を助長する可能性を強固にした。国会先進化法の通過により，国会は「動物国会」という汚名を払拭することはできたが，第19代国会に入り「植物国会」という新たなニックネームを得ることになった。

　国会先進化法には，ほぼすべての野党議員が賛成した一方，与党は票が分かれ，54.3%（63人/116人）が賛成票を，33.6%（39人/116人）が反対票を投じた。そして当時の与党，ハンナラ党議員のうち，14人は棄権した。また保守系メディアでは，国会先進化法が国政の運営に困難をもたらす可能性があるという趣旨のコラムも見られたが，動物国会という世界的醜聞に失望した国民の世論は，国会先進化法に好意的だった。

　当時，賛成票を投じたハンナラ党議員の中でも目を引くのが朴槿恵である。当時ハンナラ党代表だった朴槿恵は賛成票を投じ，中道傾向の有権者へのアピールに成功した。こうしたイメージは，大統領選

---

a　議会の少数派が，議事ルールにのっとりながらも，さまざまな手段を用い，議事のスムーズな進行を妨げること。

29

## 図2−3　国会先進化法に対する議員の投票

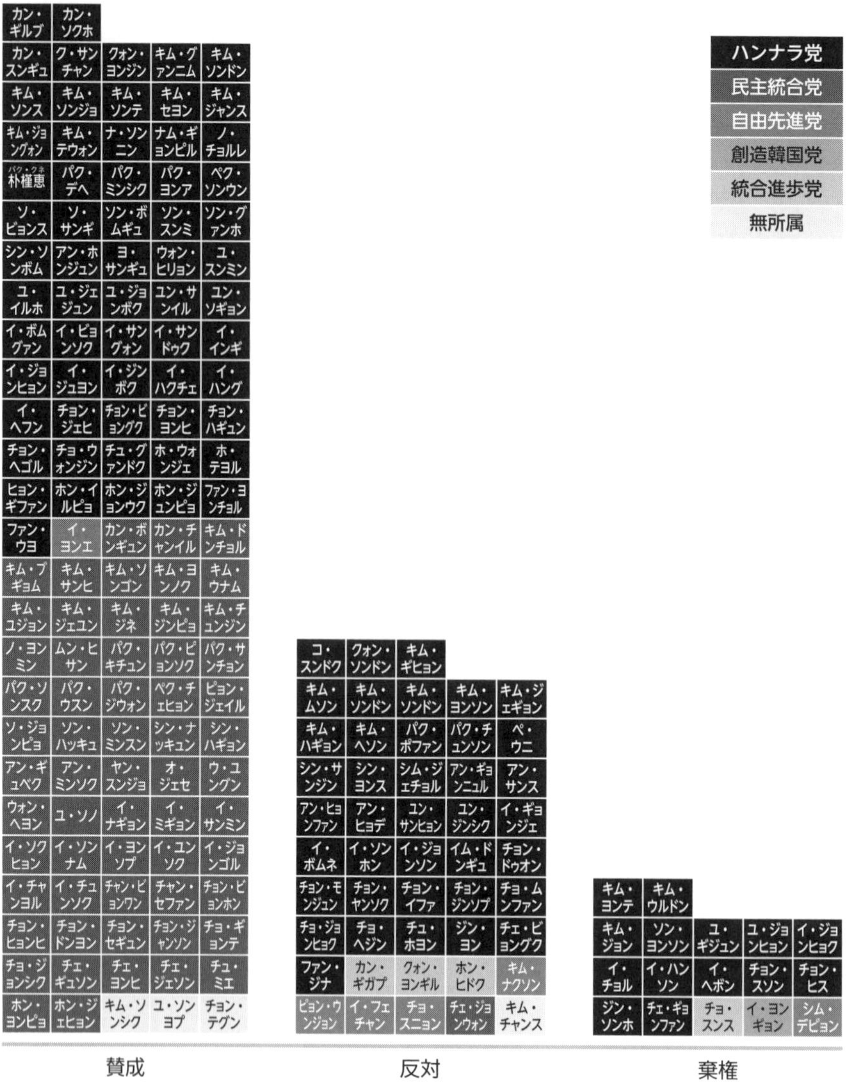

**凡例：** ハンナラ党／民主統合党／自由先進党／創造韓国党／統合進歩党／無所属

### 賛成

| | | | | |
|---|---|---|---|---|
| カン・ギルプ | カン・ソクホ | | | |
| カン・スンギュ | ク・サンチャン | クォン・ヨンジン | キム・グァンニム | キム・ソンドン |
| キム・ソンス | キム・ソンジョ | キム・ソンテ | キム・セヨン | キム・ジャンス |
| キム・ジョングォン | キム・テウォン | ナ・ソンニン | ナム・ギョンピル | ノ・チョルレ |
| 朴權恩（パク・クネ） | パク・デヘ | パク・ミンシク | パク・ヨンア | ペク・ソンウン |
| ソ・ビョンス | ソ・サンギ | ソン・ボムギュ | ソン・スンミ | ソン・グァンホ |
| シン・ソンボム | アン・ホンジュン | ヨ・サンギュ | ウォン・ヒリョン | ユ・スンミン |
| ユ・イルホ | ユ・ジェジュン | ユ・ジョンボク | ユン・サンイル | ユン・ソギョン |
| イ・ボムグァン | イ・ビョンソク | イ・サングォン | イ・サンドゥク | イ・インギ |
| イ・ジョンヒョン | イ・ジュヨン | イ・ジンボク | イ・ハクチェ | イ・ハング |
| イ・ヘフン | チョン・ジェヒ | チョン・ビョングク | チョン・ヨンヒ | チョン・ハギュン |
| チョン・ヘゴル | チョ・ウォンジン | チュ・グァンドク | ホ・ウォンジェ | ホ・テヨル |
| ヒョン・ギファン | ホン・イルピョ | ホン・ジョンウク | ホン・ジュンピョ | ファン・ヨンチョル |
| ファン・ウヨ | イ・ヨンエ | カン・ボンギュン | カン・チャンイル | キム・ドンチョル |
| キム・ブギョム | キム・サンヒ | キム・ソンゴン | キム・ソク | キム・ウナム |
| キム・ユジョン | キム・ジェユン | キム・ジネ | キム・ジンピョ | キム・チュンジン |
| ノ・ヨンミン | ムン・ヒサン | パク・キチュン | パク・ビョンソク | パク・サンチョン |
| パク・ソンスク | パク・ウスン | パク・ジウォン | ペク・チェヒョン | ビョン・ジェイル |
| ソ・ジョンピョ | ソン・ハッキュ | ソン・ミンスン | シン・ナッキュン | シン・ハギョン |
| アン・ギュベク | アン・ミンソク | ヤン・スンジョ | オ・ジェセ | ウ・ユングン |
| ウォン・ヘヨン | ユ・ソノ | イ・ナギョン | イ・ミギョン | イ・サンミン |
| イ・ソクヒョン | イ・ヨンナム | イ・ユンソプ | イ・ユンソク | イ・ジョンゴル |
| イ・チャンヨル | イ・チュンソク | チャン・ビョンワン | チャン・セファン | チョン・ビョンホン |
| チョン・ビョンヒ | チョン・ドンヨン | チョン・セギュン | チョン・ジャンヨン | チョ・ヨンテ |
| チョ・ジョンシク | チェ・ギュソン | チェ・ジェソン | チュ・ミエ | |
| ホン・ヨンピョ | ホン・ジェヒョン | キム・ソンシク | ユ・ソンヨブ | チョン・テグン |

### 反対

| | | | | |
|---|---|---|---|---|
| コ・スンドク | クォン・ソンドン | キム・ギヒョン | | |
| キム・ムソン | キム・ソンドン | キム・ソンドン | キム・ヨンソン | キム・ジエギョン |
| キム・ハギョン | キム・ヘソン | パク・ボファン | パク・ユンソン | ペ・ウニ |
| シン・サンジン | シン・ヨンス | シム・ジェチョル | アン・ギョンニル | アン・サンス |
| アン・ヒョクファン | アン・ヒョデ | ユン・サンヒョン | ユン・ジンシク | イ・ギョンジェ |
| イ・ボムネ | イ・ソンホン | イ・ソンソン | イム・ドンギュ | チョン・ドゥオン |
| チョン・モンジュン | チョン・ヤンソク | チョン・イファ | チョン・ジンソプ | チョ・ムンファン |
| チョ・ジョンヒョク | チョ・ヘジン | チュ・ホヨン | ジン・ヨン | チェ・ビョングク |
| ファン・ジナ | カン・ギガプ | クォン・ヨンギル | ホン・ヒドク | キム・ナクソン |
| ビョン・ウンジョン | イ・フェチャン | チョ・スニョン | チェ・ジョンウォン | キム・チャンス |

### 棄権

| | | | | |
|---|---|---|---|---|
| キム・ヨンテ | キム・ウルドン | | | |
| キム・ジョン | ソン・ヨンソン | ユ・ギジュン | ユ・ジョンヒョン | イ・ジョンヒョク |
| イ・チョル | イ・ハンソン | イ・ヘボン | チョン・ヨンスン | チョン・ヒス |
| ジン・ソンホ | チェ・ギョンファン | チョ・スンス | イ・ヨンギョン | シム・デピョン |

■出典：第18代国会本会議議事録より著者作成

にかなりの好影響を与えたが，政権掌握後，国会先進化法を利用する野党の妨害を受け，国政運営に困難を強いられた。現在，保守政党において進歩傾向と分類されるナム・ギョンピル，ウォン・ヒリョン議員なども賛成票を投じている。彼らはその後，地方選挙でそれぞれ京畿道知事と済州道知事に当選し，第19代国会では議員活動を行ってはいない。劉承旼議員を含め，当時，親朴槿恵系と分類されていた議員たちが賛成票を投じた反面，親李明博系と分類されていた議員たちのほとんどは反対票を投じた。従って事実上，植物国会への不満と朴槿恵政権による国会への不満という二つの不満の原因とも言える国会先進化法を通過させた主役たちは，後に，親朴槿恵系と分類されることになる議員なのである。政治のアイロニーと言えるであろう。

## 両極化と植物国会

国会先進化法の通過直後に政権に就いた朴槿恵の国政運営は，滑り出しから順調ではなかった。政権を掌握した当初の朴大統領は高い支持率を得ていたにもかかわらず，国会運営は朴槿恵大統領の思惑通りに進まなかった。ついには朴槿恵政権の骨格と言える政府組織法[a]改正案[b]処理が遅延し，ほぼ3カ月にわたる国政の空白がもたらされる前代未聞の事態が引き起こされた。これは2012年，当時の第19代国会とほぼ同時にスタートした朴槿恵政権において「国会先進化法」の

---

a 国家行政事務の体系的，能率的遂行のため，国家の行政機関の設置・組織と職務範囲の大綱を決めた法律。

b 通商業務を外交部署から産業部署へ移管する案と，農林水産食品部の部名から「食品」を除き農林畜産部に変更する案，行政安全部を安全行政部として改編する案などのほか，最後まで合意に至らなかった，放送問題に関連した未来創造科学部の所管業務に関する案などがある。

**図2-4　与野党主要議員イデオロギー傾向**

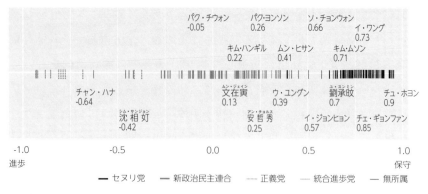

■出典：著者作成

下，新たな国会運営方式が適用されたことに起因している。

　第19代国会議員の表決状況を分析すると，こうした国会の問題が明確に見えてくる。第19代議員が本会議で処理した1488件の法案に対する33万4611件の表決傾向と，第18代議員が処理した2389件の法案に対する表決傾向をW-NOMINATEという統計技法を用いて分析した。この方法は，米国議会で表決を分析する際に最も広く用いられる方法で，持続的に類似した投票傾向を見せる議員を，類似した政治理念を持つものと分類する。この方法を用いて，類似した投票傾向にある議員に同様の「理念スコア」を付与し，議員間の相対的な理念的位置を表す方法である。この統計技術を用いると，全議員の政治理念傾向を－1（進歩）から1（保守）の間に配置，指数化することができる。

　第19代国会における政党別平均理念スコアを比較すると，正義党が最も進歩的政党に分類され，続いて新政治民主連合，セヌリ党とい

第 2 章　政界の両極化で

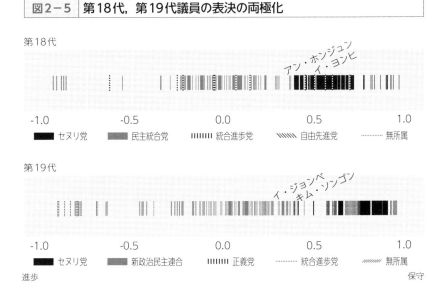

図2-5　第18代，第19代議員の表決の両極化

■出典：著者作成

う順になった。この結果は一般的に知られている各政党の相対的理念の位置と一致する。これは議員の理念傾向が記名投票 roll call voting にある程度反映されていることを表している。記名投票結果は，政治領域に存在する理念スペクトラムを表すために有効な資料である。

実際にこれまでの約30年間，多くの研究者が米国議会の記名投票結果を分析し，政治エリートの次元において米国政治の両極化が深化してきたことを実証的に示している。代表的なものとして，1959年から1980年の間の記名投票結果を分析したプール Poole とローゼンタール Rosenthal は，上院においても民主党と共和党，両党議員とも次第に両極化する傾向にあった，と分析している。同様にシュレジンジャー Schlesinger は，米国下院では政党単位で統一された政党投票

が次第に増加したことを証明し，民主党の場合，これまでにないレベルの党内統一性が1983年に見られたと分析している。

　韓国の場合も，第18代国会と第19代国会の法案投票表決データを通じ，国会の現実を把握することができる。セヌリ党で最も「進歩的」な議員であると位置づけられるイ・ジョンベ（忠清北道・忠州市）議員より右に位置した野党議員はチョン・ビョンホン（ソウル，銅雀甲[a]），ムン・ヒサン（京畿，議政府甲），パク・チュソン（光州，東区南区乙）各議員など5人のみであり，「共に民主党」で最も「保守的」な議員であると分類されたキム・ソンゴン議員より左に位置したセヌリ党所属議員は，チョン・ヨンギ（大田，大徳区）議員1人のみだった。一方，第18代国会では，この数がそれぞれ46人と3人であり，第18代国会より第19代国会でより両極化が進んでいると結論づけることができる。こうした結果は第19代国会発足後，国会先進化法導入により国会内の乱闘劇は見られなくなったが，表決における両極化現象はむしろ深化し，「植物国会」化したということを示す証しでもある。


## 比例代表候補者は使い捨て「強硬派」

　では，こうした両極化現象を招いた要因は何だろうか。大きな要因の一つとして党公認に関する問題が挙げられる。国会議員は，所属政党の公認を受けるために死力を尽くす。それは韓国政治の性質上，政党公認の有無，すなわち政党内部での競争に打ち勝って本選挙に進出

---

a　人口が多い地域では選挙区が「甲」「乙」などに分けられる。

することが，本選挙そのものより重要なことが多いためである。実際
に，嶺南[a]や湖南[b]地域では，セヌリ党，あるいは共に民主党の公認を
受けることが他地域よりもさらに重要であり，無所属出馬の場合，当
選の可能性が大きく低下する。特に，有権者が候補者に関する情報を
ほとんど手にしていない状態で投票する総選挙の場合，その傾向はよ
り強くなる。所属政党は有権者にとって最も重要なポイントであり，
政治家にとって有力政党の公認候補となることは最重要事項なのであ
る。

　こうした韓国政治の状況下にあって，比例代表で初当選を果たした
議員は次期総選挙で選挙区の公認候補となり再選することを目標とす
る。そのため比例代表議員は，党執行部に認められようと最善を尽く
さねばならず，党執行部の意に反する投票をすることは制度的にほぼ
不可能となる。

　第19代国会で選挙区を確定した当時，比例代表制の存続可否につ
いて議論が交わされた。その際，各政党の比例代表候補の適性につい
ても問題になった。当時のメディアは，比例代表は本来，専門性を持
つ人物や少数者を代表する人物を公認候補とすることになっているに
もかかわらず，野党は強硬派労働運動出身の人物が政界へ進出するた
めの登竜門として悪用していると批判した。

　第19代国会で処理された法案表決の分析結果を見ると，こうした
現象を明確に把握することができる。特に野党の場合，比例代表議員
の表決傾向が選挙区議員に比べ非常に進歩的だったことが明らかであ

---

a　釜山，大邱，慶尚道地域。保守派が支持基盤を置く。
b　全羅道。進歩派が支持基盤を置く。

る。新政治民主連合の比例代表議員（21人）は選挙区議員（109人）より理念スコアの平均値で7倍以上もの進歩的な表決傾向を見せた。つまり大部分の比例代表議員は，新政治民主連合で最も進歩的な表決傾向を見せたのである。最も進歩的な議員を1位，最も保守的な議員を295位としたとき，新政治民主連合と正義党の比例代表議員が1～7位を占め，1～5位はチャン・ハナ（新政治民主連合，比例代表），チョン・ジヌ（正義党，比例代表），キム・ジェナム（正義党，比例代表），ウン・スミ（新政治民主連合，比例代表），パク・ウォンソク（正義党，比例代表）の各議員となった。また，新政治民主連合で左寄りに位置した上位20人中，15人は比例代表議員が占めた。比例代表議員は選挙区有権者の顔色をうかがう必要がないため，党執行部の心をつかむことのみを目的に，その政党内で最も極端な表決傾向を示すしかないのである。

　一方，セヌリ党の場合，選挙区議員と比例代表議員間の理念傾向の差が明確には表れなかった。セヌリ党の比例代表議員27人の理念スコアの平均は選挙区議員132人より若干高い程度であり，大きな差は見られなかった。しかし，与党の比例代表議員のうち，最も保守的な議員は元・全国港運労働組合連盟理事長チェ・ボンホン議員（289位）であり，最も進歩的な議員はソウルベンチャー大学院大学総長を務めたヤン・チャンヨン議員（140位）と，理念的距離の差が非常に大きかった。

　皮肉なことに，国会で野党強硬派の役割を担った第19代比例代表議員22人中，最終的に第20代総選挙で選挙区の公認候補となったのはペ・ジェジョン，ウン・スミ，ト・ジョンファン，ナム・インスン，ペク・クンギ，シン・ムンシク，ジン・ソンミ，ジン・ソンジュン，チェ・

ミニ，ハン・ジョンヒの10人のみだった。これは第20代総選挙の公認候補選出過程で「労働運動政党」のイメージを払拭するため，毒舌イメージや労働運動イメージが強い強硬派議員を多数，公認候補から排除したためである。その上，公認候補だった第19代比例代表議員の中でも，実に70％もの議員が第20代総選挙で落選し，議員として残ることができなかった。

　知名度を上げようと，意図的に人目を引く言動に出た比例代表議員は，そのイメージを払拭することが難しいようである。比例代表で公認候補になれなかったり落選したりした議員は，その後の政界復帰も容易ではないと思われる。第20代国会でも与野党の強硬派として活動する比例代表議員は，4年契約職の国会議員として政治生命を終えることになる可能性が高い。


# 野党分裂は国会表決記録で予測できる？

　政治に関する格言に「保守は腐敗で滅び，進歩は分裂で滅びる」というものがある。本来この言葉は，フランス革命の後に生まれたものである。フランス革命の原因が保守層の腐敗に対する批判と反発に起因するものだったため，保守は腐敗で滅びるという表現が使われた。反面，革命以降，当時の反王党派全般を指すいわゆる進歩陣営は，民主主義，自由主義，共産主義，平等主義，民族主義などの勢力に分裂し，共通した理念を創出することができなかった。彼ら進歩陣営は革命以降，権力をめぐり激しい対立を見せ，彼らが争っている隙にナポレオンが皇帝の座に上り詰めた。「進歩は分裂で滅びる」という言葉

はこの当時の状況を実に的確に表している。

　韓国政治を論じる際にも，この格言が引用されることがある。保守が腐敗で滅びるという表現が，韓国政治の現実と合致すると考える有権者が多い。これはおそらく，トラック不正資金事件[a]でハンナラ党時代に困難に陥った保守政党を連想するためであろう。

　反面，進歩は分裂で滅びるという表現は，「選挙はフレームワークにより決まる」という，政界に関するもう一つの常套句の類義語として使われることが多い。野党においては，選挙のたびに候補が乱立したり，党が分裂する事態が引き起こされることにより，野党候補の票が分かれ敗北するケースが見られる。厳密な分析はなされていないが，野党候補が分裂し，複数の候補が立つ場合，必ずや野党が敗北すると言われている。もちろんこれは，票の分散による敗北を憂慮する野党側が選挙のたびに掲げる修辞に近いものかもしれない。先に行われた第20代総選挙では，野党の分裂で楽勝が予想されたセヌリ党が，自らの側の公認候補の座をめぐる争いが原因で惨敗を喫している。

　野党陣営の分裂が選挙結果に及ぼす影響については厳密な研究が必要であるが，選挙のたびに野党陣営の分裂が最大の関心事として挙がることは，韓国政治の紛れもない現実である。第20代総選挙直前には，新政治民主連合所属だった安哲秀議員が国民の党を設立したことにより，党分裂に至っている。その後，安哲秀は湖南地域の支持層と従来からの与野両党に失望した有権者を吸収し，政治的に大きな成功を収めることになった。

---

a　2002年，2.5トントラックに現金を載せ，高速道路の休憩所でトラックごと賄賂の受け渡しをするという大胆な方法で，当時のハンナラ党が企業から巨額の政治資金を受け取った事件。

国会表決記録を見ると，こうした党分裂事態はある程度予見できる
ものだった。まず第19代国会の表決記録を分析すると，新政治民主
連合はセヌリ党に比べ理念スペクトラムが非常に幅広かった。前述の
W-NOMINATEスコアを改めて精査すると，-0.822から0.597まで幅
広く分布している新政治民主連合に比べ，セヌリ党は議員数が多いに
もかかわらず0.361から0.999の間に分布し，分布幅は新政治民主連合
の45％にとどまっていることがわかった。こうした結果は，現野党
が非常に多様な勢力で構成されていることを表している。つまり，国
会表決記録は，進歩陣営がなぜ相対的に分裂しやすいかを示している
のである。

　また安哲秀議員の表決記録も興味深い。安哲秀議員は2013年4月，
補欠選挙で国会に進出して以来，全議員295人中110番目に保守的な
表決傾向を示した。これは新政治民主連合の主流とはかけ離れた傾向
を示す結果であり，特に新政治民主連合内の強硬派議員とは明らかに
異なるものである。こうした流れで見ると，新政治民主連合の分裂は，
ある意，初期段階から予測された結果だったのかもしれない。

　反面，与党は激しい派閥争いを経て，選挙期間中，絶えず公認候補
に関連する問題に悩まされた。しかし党分裂のような極端な事態には
至らなかった。選挙に惨敗した後には派閥争いが続き，分裂説まで流
れたが，第19代国会の表決記録を見る限りセヌリ党の分裂説を予測
することは難しい。もちろん理念スペクトラムとは異なり，セヌリ党
が大統領選に勝利するために選挙のフレームワーク構築に集中した場
合，こうした予測ははずれるかもしれない。しかし少なくとも第19
代国会の表決記録に関するビッグデータは，セヌリ党の理念スペクト
ラムが党の分裂につながるほど幅広くはないことを示している。

## 表決の地域主義

　韓国政治で最も特徴的なことは，地域主義である。これまでの選挙結果は，韓国政治において地域主義がどれほど支配的な問題であるかを赤裸々に表している。例えば第19代大統領選挙当時，湖南地域における朴槿恵候補の得票率は10％をかろうじて上回る程度にすぎず，大邱・慶尚北道ªにおける文在寅候補の得票率も20％をどうにか上回る程度だった。ほぼ50対50となった全体の選挙結果と比較すると，地域主義がどれほど根強いかがわかる。

　先に行われた第20代総選挙でセヌリ党議員イ・ジョンヒョンが順天市ᵇで再選に成功したことや，共に民主党議員キム・ブギョムが大邱・寿城甲で当選したことは，極端な地域主義が次第に弱体化している兆しと見ることもできる。しかしこれまで韓国政治のあらゆる面で地域主義が大きな影響を及ぼしてきたことは，否定し難い事実である。

　地域主義はこれまで，選挙結果のみに関連して論じられてきた。しかしこうした地域主義は，国会議員の表決傾向にも表れるのだろうか。図2−6を用い，地域別に議員の表決状況を見ると，いくつか興味深い現象が見て取れる。まず，最も際だった特徴は，地域間の差異より政党間の差異が明白であると同時に，各政党内においても一部で地域間の差異が表れている点である。例えばセヌリ党内でTK（大邱，

---

a　保守政党が支持基盤を置く。
b　全羅南道の都市。

第2章　政界の両極化で

図2−6　国会議員の地域主義表決傾向

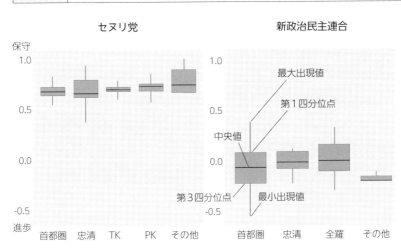

■出典：著者作成

慶尚北道)・PK（釜山，慶尚南道）地域に選挙区を置く議員は相対的に，首都圏や忠清地域に選挙区を置く議員より保守傾向の強い表決傾向を見せた。同様に，同じ新政治民主連合の議員の中でも，湖南（光州・全羅南北道）地域や首都圏に選挙区を置く議員は，忠清地域などに選挙区を置く議員より進歩傾向を示す結果となった。

また，野党内で首都圏と湖南に選挙区を置く議員のスペクトラムが非常に幅広いということも興味深い点である。このように野党内で理念スペクトラムが幅広い理由は主に，首都圏と湖南地域の議員の間に理念的偏差が存在するためである。まず首都圏は相対的に選挙区間の投票傾向の差が大きく，地域の有権者の世論に従うと理念スペクトラムが幅広くならざるを得ない。

反面，湖南地域の野党議員間の偏差については，首都圏の野党議員

## 図2-7　第19代国会の表決記録

■出典：著者作成

第 2 章 政界の両極化で

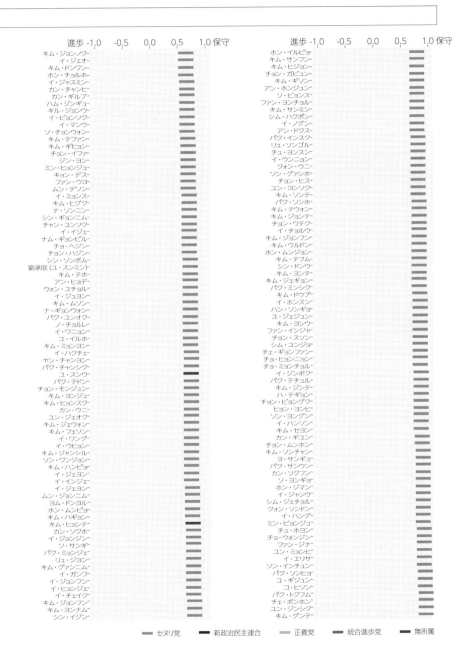

43

のような理由があるとは考え難い。選挙結果を見ると，ほとんどの湖南地域がほぼ類似した傾向を示しているためだ。一つ考えられることは，湖南地域の野党議員間の偏差が，派閥の差異に起因した可能性である。2016年，第20代総選挙の結果でもわかるように，湖南圏の有権者は大きく二つのグループに分類される。親盧武鉉系と推測される進歩傾向の強いグループと，非盧武鉉系，もしくは古くからの民主党支持勢力と思われるグループである。前者は主に若年層，または30〜40代の有権者で構成され，後者は高年齢層の有権者が主流であることが知られている。こうした有権者の構成が湖南地域の野党議員の傾向にも反映されていると解釈できる。すなわち自身の支持基盤がこの二つのグループのどちらに属しているかにより，表決傾向が分かれるものと考えられる。このような可能性については，本書の派閥政治を扱った章でさらに詳しく論じることとする。

# 第3章

# ソーシャルメディアの偏向

## ネットセレブの偏向と世論主導

　ソーシャルメディアが政治分野で大きな関心を集め始めたのは，米国の大統領選挙がきっかけだった。オバマ大統領がSNS，特にTwitterを積極的に活用し，2008年の選挙戦で勝利を収めたことが話題となり，政党や候補者はもちろん，マスコミもSNSに注目した。SNSは，オバマを支持する可能性が高い有権者へ，少ない費用で大量のメッセージを伝達しただけではなく，キャンペーン費用を募金で集めるに当たっても有効な手段となった。特にTwitterは，一人の人間がさまざまな人々とつながることができるタイプのメディアとして，選挙のキャンペーン効果を容易に最大化することができる。

　韓国の場合，公職選挙法が改正された2012年から選挙運動にSNSを活用できるようになった。2012年に行われた二大選挙である国会議員選挙と大統領選挙では，SNSが非常に活発に利用された。特に大統領選挙は「カ・フェ・ツ」選挙と呼ばれ，カカオトーク[a]，Facebook，TwitterなどSNSの利用価値を社会全体で認める雰囲気が生まれた。以前はオフラインのイシューがオンライン上へ反映される流れが一般的だったが，2012年を境に，Twitterで言及された政治的イシューがマスコミにより大きく取り上げられるなど，SNSが選挙に関する大きな世論の流れをリードする現象も見られるようになった。例えば140字で自分の考えを簡潔に表現する空間だったTwitterが完全に「政治化」し，選挙に関する話題一色になったことや，それがマスコミに

---

a　韓国に拠点を置くカカオ社が提供するスマホ用SNSアプリ。

### 図3−1　韓国人のツイッター利用状況

■出典：毎日経済（2012.3.7）

よって増幅されたことは，世界的に見ても非常に異例の現象だった。

　数あるSNSの中でもTwitterは，日常の話題を共有するメディアと言うよりは，ニュースメディアのような働きをすることが多い。韓国語で作成されたツイートを分析してみると，実際に1日1度以上ツイートしているアカウントは1200件足らずしかないが，これは，実際に発言を更新している利用者はごく少数だということを示している。また，当時Twitterに流れたツイートのうち，4分の3がリツイートや他の利用者のツイートに対するコメントであるという研究結果もある。つまり，Twitterは情報を生産するメディアというよりは，情報を拡散するメディアとしての性格が強いという特徴を持っているのである。

Twitterは2010年ごろから韓国内で急速に普及し，政治にも大きな影響力を持つメディアであると認識されるようになった。特に2011年4月27日補欠選挙において，与党の票田と考えられていた京畿道城南市盆唐を選挙区に出馬した当時の民主党ソン・ハッキュ候補が，ハンナラ党の元党代表カン・ジェソプ候補を破り当選したのは，Twitterを通じた投票への勧誘が当落に大きな影響を及ぼしたという分析が優勢である。すなわち退社時間が近づいたころに，投票証明写真などをツイートすることが多い若年層の社会人を投票会場に呼び集めることで，ソン・ハッキュ候補が選挙に勝利したという解釈である。以降，Twitterを含めたSNSが持つ政治領域への影響力に対する関心は，さらに強まっていった。

　SNSが政治領域で関心を集め始めると，多くのマスコミが先を競ってSNSを世論の指標として扱い始めた。各種テキストマイニング業者が乱立し，さまざまな方法をもってSNSを分析，世論の行方を予測した。しかしこうした試みは，さまざまな憂慮をも生んだ。世論の指標として活用された多くのSNSの中で最も代表的なものと見なされたTwitterは，他のSNSと異なり，利用者の手軽な情報収集を実現する，という運営会社の方針を満たすものであると同時に，放送型の配信機能をも有しており，政治的メッセージを伝達する手段として広く活用された。そのためTwitterは世論の指標として用いられることが多かったが，2016年現在では，休眠状態のアカウントが増加し，多くの利用者が使用を中断していると思われる。

　それでもTwitterの「全体像」を調査することは，今後，他のSNSへの理解をさらに深めるためにも有効だと考えられる。まず「Twitterでは（進歩）少数党が第一党である」というジョークがあるほど，

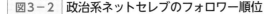

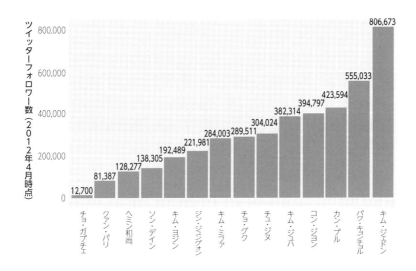

■出典：著者作成

　Twitterの世論は一方に傾いている。インターネット空間のコメントなどが，実際の世論よりかなり進歩寄りに偏向しているということは，広く知られた事実である。人々が自身の日常について更新するより，リツイートにより一つのニュースメディアのような役目を果たすTwitterの特性を考慮すれば，ツイートの世論を主導するオピニオンリーダーらもまた，一方に傾いているのではないかということが予測できる。

　Twitterの政治的影響力が最高潮に達した2012年，政治的発言をツイートすることで知られた，そして多数のフォロワーを保有したアカウントのフォロワーについて，政治理念傾向を分析した。例えばキム・

ジェドン[a]，クァン・パリ[b]，カン・プル[c]，コン・ジヨン[d]などは，非常に多くのフォロワーを有するが，彼らの職業は芸能人から作家，教授まで，実に多様になっている。彼らは政治を職業としておらず，政策に対する専門的知識を持ち合わせていないにもかかわらず，頻繁に自身の政治的見解をTwitterに投稿した。多数のフォロワーを抱える有名人である彼らのツイートは，放送局の波及力をも上回る勢いを見せた。2011年を境に，彼らが有するフォロワー数は報道機関や政治家以上に増加した。例えばMBCやSBSなど地上波放送局の夕方のニュース視聴率は6〜7％前後であり，約200万人が各放送局のニュースを視聴していると考えられる。一方，イ・ウェスなどの有名人はフォロワー数が250万人に達するだけでなく，その発言がリツイートされていることまで考慮すると，一部の有名人のツイートに接する有権者の数は地上波ニュースの視聴者数をはるかに上回っていることになる。また彼らが残したツイートは，ニュースメディアによって報道されるケースも多いため，実際の露出度はさらに高いものと思われる。従って，彼ら有名人が世論の形成に及ぼす影響力は極めて大きい。

　ではTwitterで世論の形成に影響を及ぼす，いわゆる「ネットセレブ Celebrity」のフォロワーは，どのような人々で構成されているのだろうか。いわゆるTwitter「ネットセレブ」（15人），新聞・放送・インターネットメディア（34社），そして有力政治家（258人）を同時に

---

a　韓国で有名な司会者，エンターテイナー。コメディアンとしての人気は高いが，政治的な言動でたびたび注目を集めている。各業界に幅広い人脈を持ち，各地でトークショーを開催している。

b　青年の起業，就職支援をする非営利団体「銀行業界青年興業財団」D.CAMPセンター長。元『韓国経済』IT専門記者。

c　漫画家。進歩傾向，反米感情の強い作品でたびたび話題に上っている。

d　ベストセラー作家。労働運動への参加で収監されたこともある。

第3章 ソーシャルメディアの偏向

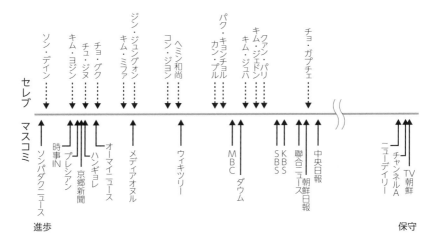

図3-3 ネットセレブ，マスコミ，有力政治家のフォロワーのイデオロギー比較

■出典：著者作成

フォローした163人余りのフォロー傾向をビッグデータ分析に多用される多変量解析の一つであるMDS（多次元尺度構成法）を用いて分析し，共通のフォロワーを見てみると，その解答が得られる。AアカウントとBアカウントをフォローする人がどの程度一致しているかにより，各アカウントの相対的な位置を把握できるのである。AとB，双方をフォローする人が多いほど，双方が近い位置関係にあることになる。またマスコミ各社の理念傾向は広く知られており，「ネットセレブ」たちのフォロワーの政治傾向を判断する基準として利用できるだろう。

まず，ネットセレブのフォロワーは左右のスペクトルの間で左に傾いていることが明らかになった。例えばKBSを比較的中道であるとする基準を採用すれば，当時Twitterで政治に関するアジェンダにつ

51

いて頻繁に言及することで有名だったソン・デイン，キム・ヨジン，チョ・グク，ジン・ジュングォン，コン・ジヨン，キム・ジェドンなどは，全てKBSより左寄りに位置している。また，保守的な論調で知られているチョ・ガプチェを除いた全員がKBSより左に位置しており，進歩系とされるメディアの位置と重なっていることが示された。Twitterで世論を主導する多くのネットセレブのフォロワーの傾向が一方に偏っているということは，Twitterが偏った空間であることを示している。これは，Twitterの世論と実際の世論との間には相当な乖離(かいり)が生じざるを得ないことを意味している。

　興味深いことに，この時点のデータではJTBC[a]のフォロワーが非常に保守的な傾向であると分析されている。ところが最近の研究結果では，JTBCを好む視聴者はかなり進歩的な若年層に変化している。これは，2012年の大統領選挙以前はTV朝鮮[b]などほかの総合編成局[c]とよく似た論調を掲げていたJTBCがソン・ソッキ[d]を採用後，左寄りの論調に移動し続けていることを示す結果であり，これは多くの専門家の分析を実証的に裏付けている。

　MDSを用いさらに多次元的な分類を試みると，ネットセレブのフォロワーは，マスコミや政治家のフォロワーとはかけ離れた位置に分布することが示された。すなわち，先に見た理念的次元ではかなり左寄りに位置しながらも，進歩メディアや政治家のフォロワーともま

---

a 『中央日報』系のケーブルテレビ放送局。
b 『朝鮮日報』系のケーブルテレビ放送局。
c 「ドラマ」「ニュース」「音楽」など特定のジャンルに限定せず，多様なジャンルの番組を制作する放送局。
d ジャーナリスト。MBCのニュースキャスター，討論番組の進行役などを経て，2013年よりJTBCのニュースキャスター，報道番組進行役を担当。

第3章 ソーシャルメディアの偏向

**図3-4** ネットセレブ，メディア，有力政治家フォロワーのイデオロギー次元

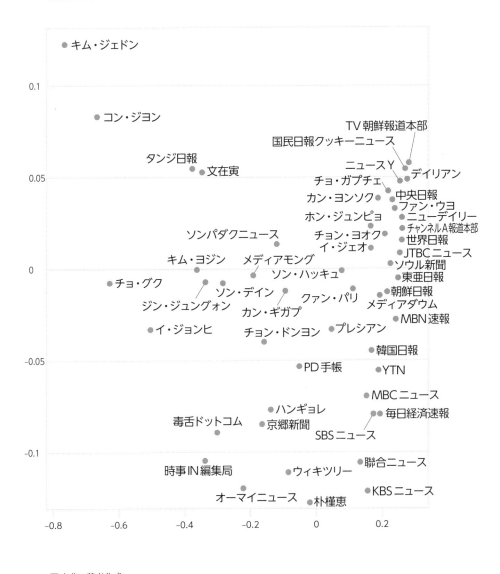

■出典：著者作成

たかなり離れた位置に分布するのである。このことから図3−4でy軸は世代を示しているものと解釈され，これは政治系ネットセレブのフォロワーがイデオロギーの面だけではなく，世代的にも差別化されていることを示している。政治家の中では当時，統合進歩党所属だったイ・ジョンヒ前議員が，政治系ネットセレブと最も類似したフォロワーを有していたという結果も興味深い。つまり政治系ネットセレブは，主流ではない政界の人物と類似したフォロワーを有しているものと解釈される。

　問題は，政治領域でTwitter世論を主導していたネットセレブが，政治の専門家ではないにもかかわらず，強大な影響力を持っているという点である。彼らネットセレブの意見は必ずしも洗練された意見であるとは限らず，専門性も持ち合わせていないにもかかわらず，彼らの影響力は主要メディアと同等もしくはそれ以上だった。彼らはメディア企業とは違い，情報を客観的に伝える責任も義務も求められていない。従って「ネットセレブ」の意見にのみ接し，ニュースなどを通じた正確な情報や世論に触れていない人々は，誤った情報に基づいて政治的意思決定を下す恐れがある。


# Twitterのフォローは偏向しているか？

　Twitterのイデオロギーの傾向が進歩寄りに偏っているということは，第18代国会議員のアカウントをフォローする人々の数からもわかる。前述のように，民主党議員とハンナラ党議員の法案投票を分析しその傾向に従って並べ，さらに各議員のアカウントをフォローする

第3章 ソーシャルメディアの偏向

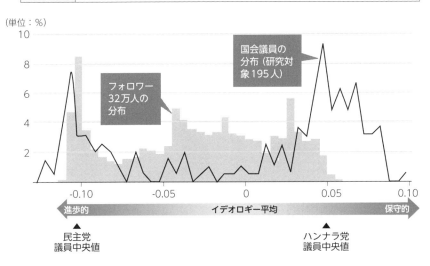

図3-5 国会議員とツイッターフォロワーのイデオロギー分布

■出典：東亜日報（2011.11.17）より著者作成

　人数をグラフ化して重ねると，民主党所属議員のフォロワー数がハンナラ党所属議員のフォロワー数より大きく上回ることがわかる。またハンナラ党では相対的に中道的な立場を取る議員のフォロワー数が多い。通常，自分が好む政治家をフォローすることを考慮すると，これはTwitter利用者がいくばくか左に傾いているということを意味している。

　こうした現象は，韓国だけに見られるものではない。大部分の米国メディアについては，若干，リベラルに傾いているという主張が多いが，これに対して，米国のTwitterは相対的に保守系のフォロワーが多いという研究結果がある。オンライン上で影響力を持つメディアは，主に主流メディアのオルタナティブとなる性質を持っているとい

図3-6　SNS利用者の地域別・年齢別利用状況

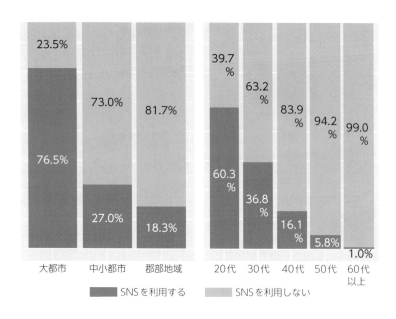

■出典：広告主協会（2012）．「2012 KAA メディアリサーチ」より著者作成

うことを考慮すると，韓国の場合，主流メディアのほとんどが保守系メディアであるために，SNSの政治的志向は相対的に進歩側に偏らざるを得ないとの解釈ができる。また，人口学の面から見たSNS利用者の特徴も明瞭である。韓国の人口全体と比較すると，Twitter利用者は首都圏に居住し，政治的志向がはっきりしない大卒の若い女性の比率が高かった。特に世代間の偏りが非常に大きく，韓国政治において投票意思を決定する際，世代は地域感情と同様に重要なポイントになることが予想される。若年層に比べ，50代以上ではSNS利用者の

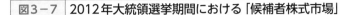

| 図3-7 | 2012年大統領選挙期間における「候補者株式市場」 |

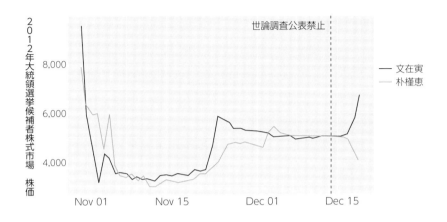

■出典：著者作成

比率が大きく下回る結果となったが，高齢の有権者が選挙に占める比重は徐々に増加している。これは，韓国に比べ世代間の政治傾向の差異が小さい米国のような国家では，SNSを世論の指標として用いることができるが，世代間の違いが大きい韓国においては，慎重なアプローチが必要であることを示している。

## SNSは世論を歪曲するか

　Twitter世論の動向と実際の世論の動向とは，単純に一致しない場合があり，偏向している可能性があることを考慮しなくてはならない。例えば，有権者は自分が支持する候補者が当選する可能性を高め

に評価する期待反映 projection により，世論動向を読み違えることが多い。Twitter世論の動向と実際の世論の動向が異なるということは，政治的判断を下す根拠を誤認させ，世論全体が合意に向かう過程を妨害することにもつながる。また，世論の動向を読み違えることによりスタンスの違いを埋めることができず，両極化を助長する可能性も高い。SNS利用者の人口学上の特徴を考慮すると，理念の両極化，世代間の両極化を深化させる危険性が存在する。

ソウル大学政治コミュニケーションセンター http://cpc.snu.ac.kr は2012年，大統領選挙に向けて「候補者株式市場」を開いた。各候補を銘柄に見立て当選の可能性について株式市場のような運営を試みたところ，選挙期間中の世論調査とほぼ一致して候補者株の価格が上下した。しかし投票1週間前，世論調査公表禁止期間となると文在寅候補株の価格が急騰し，朴槿恵候補株の価格が急落する現象が現れた。

これは株式市場に参加した人々が，客観的指標（世論調査）の提供を受けられず，オンライン世論により状況を判断したためである。進歩的偏向を見せるオンライン空間では朴槿恵候補より文在寅候補に対する支持が目立ち，結果，有権者が文在寅候補の当選可能性を過大推定したものと解釈できる。

こうした問題は，政党間選択にのみ表れるわけではない。

2012年，民主党代表を選出する際，当時のTwitterではムン・ソングン候補に対する言及量が，候補者の中で最も多かったという調査結果がある。そうした結果を受け，民主党内では，ムン・ソングンが党代表になるだろうと予測する人が多かった。しかし実際には韓明淑<sub>ハン・ミョンスク</sub>が当選し，Twitter世論が実際の国民の意向とは一致しないことを明確に示した。さらに，進歩的傾向を持つ利用者が多いTwitter内の世

第3章 ソーシャルメディアの偏向

図3-8 2012年民主党 党代表選出候補者別 ツイッター動向分析

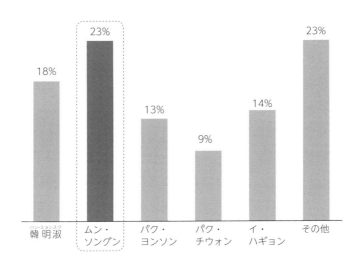

■出典：ソーシャルメトリクス（SOCIALmetricsTM、ダウムソフト社のソーシャルメディア分析サービス）

論で，民主党の選挙に関するTwitterの意見が実際の結果と一致しなかったことは，進歩傾向の中でも偏りがあるということを示している。それはTwitter利用者の年齢層が若年層に偏っているせいでもあり，彼らが認識する状況と他の世代が認識する状況が異なるために，互いに異なるイデオロギー傾向が表出したからである。

## エコーチェンバー現象の空間，Twitter利用者の情緒的両極化

　政治に関するイシューが議論される場としての，Twitter空間の性

質は両極化の傾向を見せている。韓国のSNSの中でも特にTwitterは，利用者が自身の好みに合う利用者を選択，フォローすることで，情報を入手している。利用者のこのような選択の結果，Twitter空間では両極化現象が表れる。

　SNSの最大の特徴は，議論されるイシューに対する注目度を利用者自らが選択的接触selective exposureにより個々に設定していることにある。通常，利用者はSNS空間で政治的に両極化し，イデオロギーの次元で両極化した状態で活動している。問題はイデオロギーの面だけではなく，政治的に対立する政党に対しては感情面・情緒面でも敵対心を見せ，それによりさらなる両極化を助長するという現象が表れることである。

　感情の両極化は，対立政党に対する有権者の感情が分化することを意味するが，感情の両極化は反感のレベルを超え，対立政党に対する嫌悪感さえも生む。政治に対する有権者の言動は，オフラインでも両極化している。互いに異なるイデオロギーを持つ熱心な支持者らが，集団で怒りと敵対心をむき出しにし衝突する現象は，ありふれた光景となっている。有権者のこうした両極化はオンライン上でより多く見られ，さまざまなルートを通じ，さまざまな方法を用い支持者が集結する。オンライン空間では自分がどのような考えを持つグループに属するかを選択することができ，個人が持つ特定の主義は，同じ考えを持った集団と接触することでさらに強化される傾向がある。オンライン空間は異なる主義や見解を持つ個人と意思疎通するより，類似した主義を持つ人々と討論し，活動を広めるために好都合なプラットフォームであるためだ。

　2012年の韓国大統領選挙においても国民は両極化の傾向を示した。

### 図3-9 2012年大統領選挙関連 ツイート数推移

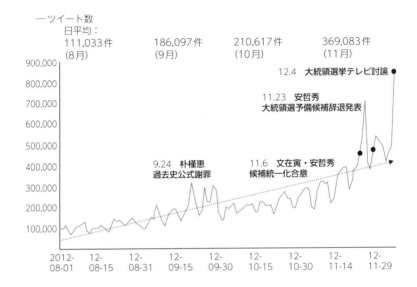

■出典：ソーシャルメトリクス（SOCIALmetricsTM, ダウムソフト社のソーシャルメディア分析サービス）

2012年6月1日から，同年12月19日の投票日まで，選挙を主題語として5743万8048件のツイートが検出されている。当時Twitterは，人々が最も一般的に利用するSNSの一つであると同時に，政治的イシューについてフォロワー同士がどのように思いを共有しているのか，どのようなイシューが多く伝達されているのかを把握するために有効なツールだった。

図3-9は2012年の大統領選候補者と関連して発生したツイート数の推移を表している。Twitterでは政治イベントが行われるときに集中してツイートが発生し，人々はそれに即座に反応を示している。投票日が近づくほど選挙に関連した議論が急激に増加し，同年11月

図3-10 大統領選挙候補者のファンとされるTwitter利用者分布図（調査期間2012年9月1日～30日）

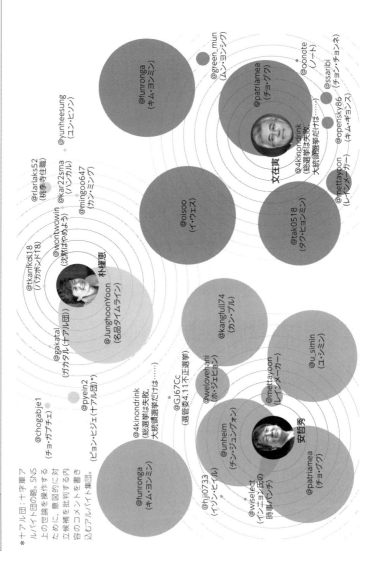

出典：http://www.wikitree.co.kr/main/news_view.php?id=87835（掲載日：2012.10.7）

23日，安哲秀の立候補辞退を契機に極めて多くのツイートが発生したことがわかる。当時安哲秀は無所属候補だったが，文在寅民主統合党候補側と統一化協議を経て候補から退いた。結果的に，文在寅候補は大統領選挙で敗北を喫している。

図3－10はTwitterにおいて大統領選候補者の「ファン」とも言えるポジティブなTwitter利用者の分布図を示しており，Twitterで形成されるポジティブ発言に順位をつけ，順位の高い順に同心円の中心から近い位置に配置した。この図では，党派の主義により分類された利用者を視覚的に確認することができる。興味深いことは，2012年9月の時点で朴槿恵候補が安哲秀，文在寅候補に比べ劣勢であることが視覚的に捉えられている点である。

さらに，図3－10は民主党支持傾向の利用者がセヌリ党支持傾向の利用者より規模が大きいということも示している。民主党支持傾向の利用者は，類似したイデオロギー傾向の利用者と，より頻繁にリツイートし合いながら情報を共有している。安哲秀と文在寅候補のファンの中でそれぞれ上位に位置するファンが重複していることが示されている。そのことは彼らが互いにTwitterを通じて活発にリツイートし合いながら親密に意思疎通していることを意味している。

また，2012年の大統領選挙と関連して発生した大量のツイートから，944人の利用者に関して党派上のスタンスを分類した。自身と異なる政治理念を掲げる政党に対し，反対意見や反感を表出しない利用者を除外する方法で944人を抽出し，そこからさらにネットワーク分析を用い，リツイートをしない利用者121人を除くことで，最終的に823人に関して党派上の位置付けを分類することができた。

その結果，166人がセヌリ党支持傾向，657人が民主党支持傾向で

図3−11 福祉,経済,安保政策に対する肯定的,否定的感情

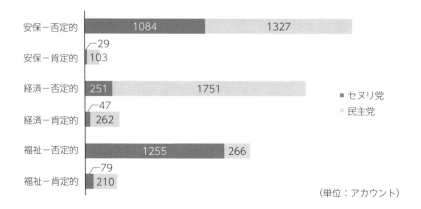

■出典：著者作成

あることが確認された[8]。

　図3−11は政策に対するTwitter利用者の感情を否定的なものと肯定的なものに分けたものである。福祉,経済,安保各分野でセヌリ党支持の利用者と民主党支持の利用者の肯定,否定の感情がどのように表れているかを確認した。Twitter利用者は,福祉,経済,安保の分野に関係なく,肯定的な感情より否定的感情の話題（コメント）をより多く共有していた。また,セヌリ党支持の利用者,民主党支持の利用者ともに,否定的な内容のツイートをより多く投稿していることが示された。興味深いことに,福祉政策に関してはセヌリ党支持の利用者が民主党支持の利用者より否定的な感情を持っていることが明らかになった。また経済政策分野では,民主党支持の利用者による否定的な言及が多く見られた。セヌリ党支持の利用者が福祉政策に対して批判的な姿勢を貫いた反面,民主党支持の利用者は経済状況に対し

第3章　ソーシャルメディアの偏向

| 図3-12 | 2012年大統領選挙のネガティブツイート キーワード分析[a] |

■出典：著者作成

a　図中，中央左の「クネ」は韓国語のブランコの意。朴槿恵を揶揄したキーワード。

て，より多くの問題意識を抱いていた[9]。

　また，Twitter利用者の否定的感情について，共起ネットワーク分析を用いて調査している。**図3－12**において，単語の大きさは利用者の言及頻度を意味している。キーワードを中心として頻繁に他の単語とつながっているイシューを調査してみると「福祉」という単語が議論の中心にあり，2012年大統領選挙の場合，福祉政策が有権者の主な関心事だったことがわかる。それとともに，「財閥」という単語も見られるが，有権者が財閥に対する否定的感情を表していることがわかる。

　SNSの代表とも言えるTwitterで議論が交わされた大統領選挙関連の主題語を検索したところ，韓国の有権者は政治的傾向が異なる利用者とは，あまり交流をしていないことが確認された。人々はオンラインネットワークで「エコーチェンバー echo-chamber」[a]現象を起こしている。利用者は自分たちの主義を強化，維持し，賛同する情報を利用することに関しては自ら受け入れるが，対立する政治志向は受け入れず，無視する傾向があるようだ。

---

a　主にネット空間において，価値観の似た者同士が交流，賛同，共感し合うことにより，特定の意見や思想が増幅されて影響力を持つようになる現象。

# 第4章

## リーダーと派閥政治

サルトーリ Giovanni Sartori は，政党 party と派閥 faction はその語源から意を異にし，後者にのみネガティブな意味を付与するのが正しいと述べた。あえてこうした語源の定義を挙げるまでもなく，韓国ではメディアなどでは「派閥」「分派」「党派」「系派」などの用語がネガティブで時代遅れな政治形態を指す用語として多用されている。特に韓国の政治では「系派」や「派閥」は党公認権を取り巻く闘争へと広がることが多く，その弊害も大きい。与野党を問わず，派閥のリーダーにより私党化されるケースもあり，特に過去には党公認権など政治上の人事に関する権限や政治資金管理権を派閥のリーダーが掌握するなど，非民主主義的な形態が問題になりもした。

## 東橋洞系 対 上道洞系

現在につながる韓国の派閥対立は1980年代，軍部独裁政府に立ち向かう民主化の過程で本格化した。1985年，独裁政府に立ち向かうため，民主化推進協議会（民主協）が結成される過程で，金泳三を主軸とした上道洞系と，金大中を中心とする東橋洞系の構図が固まった。もちろんこれらの源流は，さらに以前へとさかのぼる。1955年，李承晩大統領の「四捨五入改憲[a]」にあらがうために民主党が作られ，

---

a 1954年，当時の大統領，李承晩が自身の大統領任期を延長するため，改憲（1期4年，再任は1度のみ→現職大統領に限り，三選禁止条項撤廃）を企て憲法改正案を提出，議会で表決をとった。本来，法案可決のために必要な票である「203票の3分の2」は「135.333…」となり，135票では否決，136票で可決となるはずだった。ところが表決の結果，賛成票は135票であった。それを受け李承晩は，人間を小数点を用いて数えることができない以上，135.333…を四捨五入で捉え「203票の3分の2は135票にすべき」と主張，ついには彼の主張通り改憲案が可決された。

第4章　リーダーと派閥政治

| 表4－1 | 保守系派閥動向 年表 |
|---|---|
| 1955年 | 民主党結成。キム・ソンス，シン・イクヒ，チョ・ビョンオク中心の旧派形成。 |
| 85年 | 新韓民主党内，民主協形成過程で金泳三中心の上道洞系形成。 |
| 90年 | 3「金<sub>キム</sub>」連合により民主自由党結成。 |
| 92年 | 金泳三，第14代大統領当選。 |
| 94年 | 金鍾泌を主軸とした議員らが大挙して党を離脱。自由民主連合結党により分党。 |
| 96年 | 金泳三主軸の新韓国党結成。 |
| 97年 | 民主党と統合したハンナラ党結成。 |
| 2002年 | 李会昌<sub>イ・フェチャン</sub>引退以降，予備選挙の過程で李明博中心の親李明博系と朴槿恵中心の親朴槿恵系に分裂。 |
| 07年 | 李明博，第17代大統領当選 |
| 07年 | 党公認結果に反発した親朴槿恵系列の未来希望連帯 (親朴連帯) 結成。 |
| 11年 | 親朴槿恵連帯がハンナラ党と統合。 |
| 12年 | 朴槿恵非常対策委員長を中心に，セヌリ党結成。 |
| 12年 | 朴槿恵，第18代大統領当選。 |

■出典：著者作成

　その過程で民主党には旧派と新派の二大派閥が生まれるが，それらがそれぞれ上道洞系と東橋洞系の源となったのである。
　二人の「金」氏に代表される初代派閥は，韓国政治の民主化という成果を収めた。しかし，上道洞系を主軸とした嶺南地域の選挙地盤化と，東橋洞系を主軸とした湖南地域の選挙地盤化が韓国の地域主義を

69

根付かせてしまい，韓国政治に新たな課題をもたらしたこともまた事実である。今日，金大中と金泳三の，二人の元大統領は逝去し，これらの派閥のリーダーは韓国の政界から退出した。しかし，いわゆる東橋洞系と上道洞系に属する政治家たちは，二つの派閥の伝説を継承しようとしているようだ。

## 親朴槿恵系 対 親李明博系，親盧武鉉系 対 非盧武鉉系

　金泳三，金大中大統領時代を経て，保守，進歩系から新たな派閥が誕生した。保守系では李会昌前ハンナラ党総裁が金泳三の後を継ぎ，新たなリーダーとして浮上したかのように見えた。しかし大統領選で立て続けに敗北し，保守陣営では李明博，朴槿恵の二大軸を中心とした新たな派閥が形成された。2007年，李明博が大統領選で当選した後には，親朴槿恵系が反発し，彼らが大挙して離党するという事態まで引き起こした。

　しかし朴槿恵の大統領就任後，党の権力は親朴槿恵系へと移り，親李明博系はセヌリ党内で非主流に分類されることになる。親朴槿恵系が党内の主流を形成し，親李明博系は非朴槿恵系というレッテルを貼られた。2016年の第20代総選挙で現れたように，親朴槿恵系と親李明博系間の軋轢は今なお続いている。

　大統合民主新党内の派閥争いの動向については追跡が困難である。「親盧武鉉系」という象徴性を持つ集団が存在することは事実だが，第18代国会初期には，その直前の盧武鉉政権が大衆の人気を得られ

第4章　リーダーと派閥政治

| 表4-2 | 進歩系派閥動向 年表 |
|---|---|
| 1955年 | 民主党結成。チャン・ミョン中心の新派形成。 |
| 73年 | 金大中が東京拉致から解放された後，東橋洞の自宅に監禁され，東橋洞系の活動が本格化する。 |
| 90年 | 3「金」連合を野合と糾弾し，上道洞系との間に亀裂が生じる。 |
| 91年 | 民主党結成。 |
| 97年 | 金大中，第15代大統領当選。 |
| 2002年 | 国民参加の予備選挙で選出された盧武鉉が第16代大統領に当選。 |
| 03年 | 親盧武鉉勢力が新千年民主党を離脱し，開かれたウリ党を結成。 |
| 04年 | 盧武鉉大統領，弾劾訴追案可決。 |
| 10年 | 6・2地方選挙で親盧武鉉勢力が再び台頭。文在寅を中心として結集。 |
| 15年 | 親盧武鉉系の代表的存在である文在寅が新政治民主連合の代表として選出される。 |
| 15年 | 党名を共に民主党に変更。非盧武鉉系，湖南勢力が離脱し，国民の党を結成。 |

■出典：著者作成

　なかったこともあり，イ・グァンジェなど数人を除くほとんどの議員は自らを親盧武鉉系と名乗らなかった。その上，第18代国会初期から中盤に党代表を担ったチョン・セギュン系と，後半に代表を担ったソン・ハッキュ系，そして2007年の大統領選挙の進歩側候補者だったチョン・ドンヨン系，故キム・グンテ前常任顧問をはじめとする民

71

平連[a]系などが存在し，複雑な力学のフレームワークが形成された。

　本格的に「親盧武鉉系」勢力が浮上し始めたのは2010年6月，第5回全国同時地方選挙で盧武鉉前大統領の最側近だったイ・グァンジェとアン・ヒジョンがそれぞれ江原道知事と忠清南道知事に当選した後と見るのが妥当である。加えて，メディア法[b]の職権上程処理および4大河川事業[c]の一方的推進などに反対した市民団体の親盧武鉉系勢力が市民統合党を設立，大統領選挙を控えた2011年末には大統合民主新党と統合し，民主統合党が誕生した。総選挙を前にした2012年4月にハン・グァンオクなどいわゆる旧民主系議員らが党公認から脱落すると，親盧武鉉系勢力が党公認権を私物化しているという批判もなされるようになった。


## セヌリ党，派閥争いで第一党から転落

　セヌリ党の派閥争いは2016年，第20代総選挙の惨敗につながった。第20代総選挙でセヌリ党の議席数は122議席にとどまり，1議席差で共に民主党に第一党の座を奪われた。セヌリ党の惨敗原因は，劉承旼議員の党公認をめぐり表面化した派閥間の軋轢であるという見解が支配的である。親朴槿恵系は，国会先進化法をめぐって朴槿恵大統領に

---

a　民主平和国民連帯。

b　新聞，放送などに関する法律の改正案。2009年，当時の与党，ハンナラ党が強行採決により可決させた。

c　洪水防止対策，自然復元などを目的に掲げ，2008年から2012年まで行われた河川再生整備事業。その目的とは裏腹に，大規模な自然破壊，水質汚染を引き起こしているとたびたび批判されてきた。

第4章　リーダーと派閥政治

反旗を翻した劉承旼議員を最後まで党公認としなかった。これに反発した当時のセヌリ党代表キム・ムソンが，いわゆる「玉璽闘争[a]」を起こし，セヌリ党の派閥争いは頂点に達した。

　実際に第19代セヌリ党現役議員のうち，党公認審査を申請した110人の議員中，親朴槿恵系と非朴槿恵系に分類される議員の党公認率を分析した結果を見れば，セヌリ党の派閥が党公認に影響を及ぼしたことは否定し難い。党公認審査を申請した議員110人のうち，親朴槿恵系に分類された54人の議員中46人（85％）が党公認を受けたのに対し，非朴槿恵系に分類された56人の議員中，党公認審査を通過したのは30人（54％）のみだった。さらに詳しく分析してみると，親朴槿恵系に分類された54人中20人（37％）が予備選挙のない党公認，すなわち戦略的な党公認を受けたのに対し，非朴槿恵系議員中，予備選挙のない党公認を受けたのは16人（29％）だけだった。また，予備選挙に参加した33人の親朴槿恵系議員のうち，26人（78％）が勝利したのに対し，非朴槿恵系議員の中で勝利した議員の比率は70％だった。これは親朴槿恵系議員が非朴槿恵系議員に比べ，容易な選挙区を与えられたのではないかという疑念を生む結果である。実際にこうした可能性を検証してみるために，年齢，当選回数，地域（嶺南，首都圏，忠清圏）などを考慮して分析した結果でも，親朴槿恵系と非朴槿恵系の差異が明瞭であることが示された。

　第20代総選挙で惨敗した後にも，セヌリ党内部の軋轢は簡単には解消されなかった。2016年5月3日，セヌリ党院内代表選挙で非朴槿

---

a　キム・ムソンが党公認認定に必要な印鑑を親朴槿恵系候補の書類に押印することを拒否した事件。

## 図4-1　第19代国会 親朴槿恵系，非朴槿恵系議員名簿

### 親朴槿恵系

| | | | |
|---|---|---|---|
| カン・ソクフン | ノ・チョルレ | ユン・ヨンソク | イ・ホンスン |
| カン・チャンフェ | パク・テチュル | イ・ガンフ | チョン・ハジン |
| キム・ギソン | パク・トクホム | イ・ビョンソク | チョン・ガビュン |
| キム・ドウプ | パク・メンウ | イ・ワング | チョン・ヨンギ |
| キム・ドンワン | パク・インスク | イ・ワニョン | チョン・ウテク |
| キム・ソンチャン | ペ・ドックァン | イ・ウヒョン | チョン・ヒス |
| キム・ヨンナム | ソ・サンギ | イ・インジェ | チョ・ウォンジン |
| キム・ウルドン | ユン・サンヒョン | イ・ジャンウ | チェ・ギョンファン |
| キム・ジェウォン | ソ・チョンウォン | イ・ジョンヒョン | ハン・ギホ |
| キム・ジョンテ | シム・ユンジョ | イ・ジョンベ | ハム・ジンギュ |
| キム・ジンテ | アン・ホンジュン | イ・ジョンジン | ホン・ムンジョン |
| キム・テウォン | アン・ヒョデ | イ・ジュヨン | ファン・ウヨ |
| キム・テホム | ウォン・ユチョル | イ・チェイク | リュ・ジヨン |
| キム・テファン | ユ・ギジュン | イ・チョルウ | イ・サンイル |
| キム・フェソン | ユ・イドン | イ・ハクチェ | チャン・ジョンウン |
| キム・ヒジョン | ユ・イルホ | イ・ハング | チョン・ユンスク |
| ナ・ソンニン | ユ・ジェジュン | イ・ハンソン | チュ・ヨンスン |

■出典：著者作成

恵系のチョン・ジンソク前議員が当選し，セヌリ党の内部闘争は解決すると思われた。選挙当時，国会議員ではなかったにもかかわらず，チョン・ジンソクは親朴槿恵系の支援に後押しされ，ユ・ギジュン議員に大差で勝利したのである[10]。

　しかし派閥争い解消のための改革は難航し，チョン・ジンソク院内代表が反朴槿恵系とされるキム・ヨンテを革新委員長に内定すると，親朴槿恵系は「井の中の蛙式人選だ」として，革新委員会発足のボイコットを宣言した。これに反発し一度は抵抗姿勢を見せたチョン・ジンソクだったが，翌日には親朴槿恵系との調整に入った。しかしセヌリ党の改革への試みは，派閥争いのために難航した。

第4章　リーダーと派閥政治

### 非朴槿恵系

| | | | |
|---|---|---|---|
| カン・ギルブ | キム・ハギョン | ヨ・サンギュ | |
| カン・ギユン | リュ・ソンゴル | オ・シンファン | |
| カン・ソクホ | キム・ヒグク | イ・ジェオ | チョン・ビョングク |
| クォン・ソンドン | ムン・デソン | イ・グニョン | チョン・スソン |
| クォン・ウニ | パク・テドン | イ・ノグン | チョン・イファ |
| キル・ジョンウ | アン・サンス | イ・イジェ | ハン・ソンギョ |
| キム・ムソン | ユ・スンミン | イ・ジョンフン | ホン・ムンピョ |
| キム・サンフン | パク・ミンシク | イ・ジンボク | ホン・イルピョ |
| キム・ソンテ | パク・ソンホ | チャン・ユンソク | ホン・ジマン |
| キム・セヨン | ソ・ヨンギョ | チョ・ヘジン | ファン・ヨンチョル |
| キム・ヨンウ | シン・ドンウ | チョン・ドウォン | ファン・ジナ |
| キム・ヨンテ | シン・サンジン | チョン・ムンホン | ムン・ジョンニム |
| キム・ジェシク | シン・ソンボム | チョン・ミギョン | ミン・ヒョンジュ |
| キム・ジョンフン | シム・ジェチョル | チュ・ホヨン | ヤン・チャンヨン |

### 図4-2　第20代国会 セヌリ党選挙区国会議員当選者 派閥分類

**親朴槿恵系**

現役：
キム・ギソン/キム・ドゥプ/キム・ソンチャン/キム・ジョンテ/キム・テフム/パク・トクフム/パク・テチュル/パク・メンウ/パク・インスク/ペ・ドックァン/ソ・チョンウォン/ユ・ギジュン/ユ・イドン/ユ・ジェジュン/ユン・ヨンソク/イ・ウヒョン/イ・ワニョン/イ・ジャンウ/イ・ジョンヒョン/イ・ジュヨン/イ・ハクチェ/イ・ホンスン/イ・チェイク/ウォン・ユチョル/チョン・ガビョン/チョン・ヨンギ/チョン・ウテク/チョ・ウォンジン/チェ・ギョンファン/ハム・ジンギュ/ホン・ムンジョン/イ・チョルウ

非現役：
カン・ソクチン/キム・ソンドン/クァク・テフン/クァク・サンド/ミン・ギョンウク/パク・ソンジュン/パク・ワンス/チョン・ジョンソプ/オム・ヨンス/ユン・サンジク/イ・ヤンス/チョン・テオク/チュ・ギョンホ

**非朴槿恵系**

現役：
カン・ソクホ/キム・ムソン/キム・サンフン/キム・ソンテ/キム・セヨン/キム・ヨンウ/キム・ヨンテ/キム・ハギョン/クォン・ソンドン/シン・サンジン/シム・ジェチョル/ヨ・サンギュ/オ・シンファン/イ・グニョン/イ・ジンボク/チョン・ビョングク/ハン・ソンギョ/ホン・ムンピョ/ホン・イルピョ/ファン・ヨンチョル

非現役：
パク・スンジャ/ユン・ハンホン/イ・ウンジェ/イ・ヘフン/チョン・ヤンソク

**中立**

現役：
キョン・デス/キム・グァンニム/キム・ミョンヨン/キム・ジョンフン/キム・ジェギョン/キム・ハンピョ/ナ・ギョンウォン/パク・ミョンジェ/ヨム・ドンヨル/ユン・ジェオク/イ・ミョンス/イ・ヒョンジェ/チョ・ギョンテ/ハ・テギョン/ホン・チョルホ/キム・ソンウォン

非現役：
キム・ソッキ/キム・ジョンジェ/ソン・イルジョン/イ・ウングォン/イ・ジョング/チャン・ソクチュン/チョン・ウンチョン/チョン・ジンソク/チ・サンウク

＊傾向が不明瞭な一部の当選者は除外

■出典：マネートゥデー（2016.4.15）より著者作成

『マネートゥデー[a]』の国会専門ページ「the300」の分類によると，第20代国会で親朴槿恵系対非朴槿恵系の比率は33対20程度という結果となっている。66対45だった第19代国会と比べ不均衡は大きく改善されてはおらず，しばらくは親朴槿恵系が党内の主導権を握るのではないかと予想された。もちろん中立的立場を取ってきた議員が16人ほど存在し，彼らのスタンスが鍵となる可能性は高かった。朴槿恵政権の支持率が低下していた現実を考慮すると，親朴槿恵系が党内権力を維持できない可能性もあった。しかし結論がどうあろうと，第20代総選挙の結果には派閥争いが反映されていると考えられ，今後も派閥争いが沈静化に向かうまでには，かなりの時間を要するものと思われる。

## 親盧武鉉系か非盧武鉉系か：平行線の野党

野党内の派閥争いは，第20代総選挙を2カ月後に控えた状況で「国民の党」結成により頂点に達した。安哲秀議員が中心となり結成された国民の党にクォン・ノガプ前議員をはじめとする東橋洞系人物が多数加わり，野党は事実上，親盧武鉉系勢力を主軸とした「共に民主党」と，非盧武鉉系勢力および古くからの民主党勢力を主軸とした国民の党の二大野党体制に変化した。

では，共に民主党の派閥争いは公認争いにどのような影響を及ぼしたのだろうか。ここでは，メディアで報道された派閥論争のみにとど

---

a　韓国の金融・証券専門メディア。

まらない，実証的な分析を行った。共に民主党の場合，第19代現役
議員中，党公認審査を申請した98人を親盧武鉉系と非盧武鉉系に分
類し，党公認率を調査してみると，派閥が党公認に大きな影響力を与
えたことが明らかになった。

　党公認審査を申請した議員98人のうち党公認を受けることができ
た親盧武鉉系議員は63人中47人（75%）だった一方で，非盧武鉉系あ
るいは中立の議員は35人中21人（60%）にとどまった。さらに詳しく
見てみると，親盧武鉉系で党公認を受けた47人のうち36人（76%）が
予備選挙のない党公認，いわゆる戦略的な党公認だったが，非盧武鉉
系議員のうち予備選挙なしで党公認を受けた議員は16人（76%）のみ
だった。また，予備選挙に参加した18人の親盧武鉉系議員中11人
（61%）が勝利を収めたのに対し，非盧武鉉系ではその比率は53%だっ
た。これは親盧武鉉系議員が非盧武鉉系議員に比べ比較的恵まれた条
件で戦いに挑めたのではないかと見ることができる。その可能性を検
証するために，年齢，当選回数，地域（嶺南，首都圏，忠清圏）など
を考慮し分析を行ったところ，その結果でも親盧武鉉系と非盧武鉉系
の差異は明らかになった。

　共に民主党は，セヌリ党の派閥闘争の影響により第20代総選挙で
勝利を収めた後にも，相変わらず派閥闘争に苦しんでいる。第20代
総選挙直後，キム・ジョンイン非常対策委員会代表の「党代表推戴論」
とそれにまつわる党内批判は，文在寅とキム・ジョンインを主軸とし
た新たな派閥の誕生を意味するのではないかという懸念を生んだ。実
際，第20代国会議員となった共に民主党議員123人をマスメディアが
分類したものによると，親盧武鉉系およびこれと近い関係を有する親
盧武鉉系が約7対5の割合で非盧武鉉系より優勢であることがわかっ

図4－3　第20代国会 共に民主党 当選者派閥分類

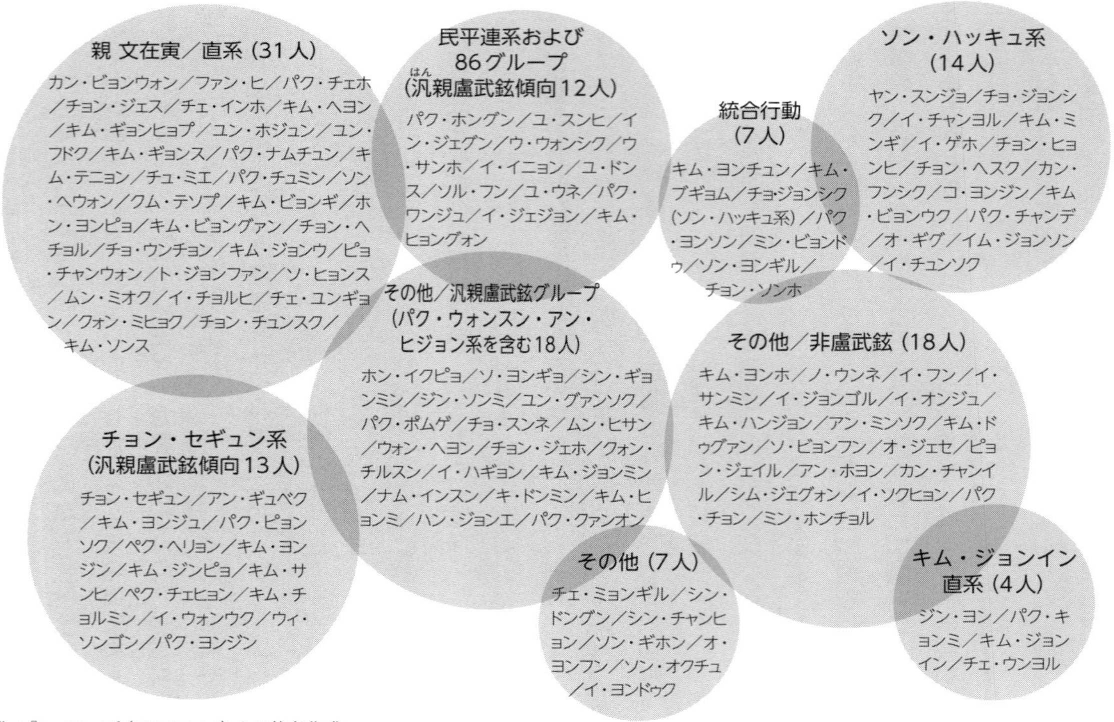
親 文在寅／直系（31人）
カン・ビョンウォン／ファン・ヒ／パク・チェホ／チョン・ジェス／チェ・インホ／キム・ヘヨン／キム・ギョンヒョプ／ユン・ホジュン／ユン・フドク／キム・ギョンス／パク・ナムチュン／キム・テニョン／チュ・ミエ／パク・チュミン／ソン・ヘウォン／クム・テソプ／キム・ビョンギ／ホン・ヨンピョ／キム・ビョングァン／チョン・ヘチョル／チョ・ウンチョン／キム・ジョンウ／ピョ・チャンウォン／ト・ジョンファン／ソ・ヒョンス／ムン・ミオク／イ・チョルヒ／チェ・ユンギョン／クォン・ミヒョク／チョン・チュンスク／キム・ソンス
民平連系および86グループ（汎親盧武鉉傾向12人）
パク・ホングン／ユ・スンヒ／イン・ジェグン／ウ・ウォンシク／ウ・サンホ／イ・イニョン／ユ・ドンス／ソル・フン／ユ・ウネ／パク・ワンジュ／イ・ジェジョン／キム・ヒョングォン
統合行動（7人）
キム・ヨンチュン／キム・ブギョム／チョ・ジョンシク（ソン・ハッキュ系）／パク・ヨンソン／ミン・ビョンドゥ／ソン・ヨンギル／チョン・ソンホ
ソン・ハッキュ系（14人）
ヤン・スンジョ／チョ・ジョンシク／イ・チャンヨル／キム・ミンギ／イ・ゲホ／チョン・ヒョンヒ／チョン・ヘスク／カン・フンシク／コ・ヨンジン／キム・ビョンウク／パク・チャンデ／オ・ギグ／イム・ジョンソン／イ・チュンソク
その他／汎親盧武鉉グループ（パク・ウォンスン・アン・ヒジョン系を含む18人）
ホン・イクピョ／ソ・ヨンギョ／シン・ギョンミン／ジン・ソンミ／ユン・グァンソク／パク・ポムゲ／チョ・スンネ／ムン・ヒサン／ウォン・ヘヨン／チョン・ジェホ／クォン・チルスン／イ・ハギョン／キム・ジョンミン／ナム・インスン／キ・ドンミン／キム・ヒョンミ／ハン・ジョンエ／パク・クァンオン
その他／非盧武鉉（18人）
キム・ヨンホ／ノ・ウンネ／イ・フン／イ・サンミン／イ・ジョンゴル／イ・オンジュ／キム・ハンジョン／アン・ミンソク／キム・ドゥグァン／ソ・ビョンフン／オ・ジェセ／ピョン・ジェイル／アン・ホヨン／カン・チャンイル／シム・ジェグォン／イ・ソクヒョン／パク・チョン／ミン・ホンチョル
チョン・セギュン系（汎親盧武鉉傾向13人）
チョン・セギュン／アン・ギュベク／キム・ヨンジュ／パク・ピョンソク／ペク・ヘリョン／キム・ヨンジン／キム・ジンピョ／キム・サンヒ／ペク・チェヒョン／キム・チョルミン／イ・ウォンウク／ウィ・ソンゴン／パク・ヨンジン
その他（7人）
チェ・ミョンギル／シン・ドングン／シン・チャンヒョン／ソン・ギホン／オ・ヨンフン／ソン・オクチュ／イ・ヨンドゥク
キム・ジョンイン直系（4人）
ジン・ヨン／パク・キョンミ／キム・ジョンイン／チェ・ウンヨル

■出典：『RayTheP』（2016.4.14）より著者作成

第4章　リーダーと派閥政治

---

| 図4-4 | 第20代国会 国民の党 派閥分析 |

**安哲秀系（14人）**

安哲秀／キム・ソンシク
（以上，ソウル選挙区）
シン・フンチョル／オ・セジ
ョン／イ・サンドン／パク・
ソンスク／チェ・イベ／キム
・スミン／イ・テギュ／キム・
サムファ／キム・ジュンノ／
チャン・ジョンスク／イ・ド
ンソプ／チェ・ドジャ
（以上，比例代表）

**湖南議員中，親安哲秀
および安哲秀による外
部起用人材（12人）**

チャン・ビョンワン／ユ・ソンヨプ
／チョ・ベスク／ファン・ジュホン
（以上，親安哲秀派）
キム・ギョンジン／キム・グァン
ス／キム・ジョンフェ／ソン・グム
ジュ／ソン・ギソク／イ・ヨンジュ
／イ・ヨンホ／チョン・インファ
（以上，起用人材）

**湖南議員（12人）**

キム・ハンギル系（3人）
チュ・スンヨン／キム・グァンヨン／
クォン・ウニ
チョン・ジョンベ系（2人）
チョン・ジョンベ／パク・チュヒョン
（比例代表）
パク・チウォン系（4人）
パク・チウォン／パク・チュニオン／
ユン・ヨンイル／チェ・ギョンファン
独自派（3人）
キム・ドンチョル／パク・チュソン／
チョン・ドンヨン

■出典：韓国日報（2016.4.18）より著者作成

た。また，文在寅前代表が迎え入れた多くの人物が国会進出に成功し
ており，今後，党内派閥争いが複雑になる可能性が高い。

　共に民主党の旧態依然とした派閥政治を新党設立の名分とした国民
の党もまた，派閥争いと無縁ではない。国民の党は，設立を主導した
安哲秀代表の勢力と，共に民主党を離党した派閥間で闘争の可能性が
表れている。総選挙後，パク・チウォン議員が「党代表でも大統領で
も挑戦する」と明かした事例からも，国民の党が持つ潜在的な軋轢の
可能性を垣間見ることができる[11]。現在，闘争が表面化していなくて
も，党内派閥が存在する限り，今後の党内権力，大統領権力を巡る軋
轢の可能性は常に内在しているのである。

図4-5　第18代国会 派閥別投票傾向

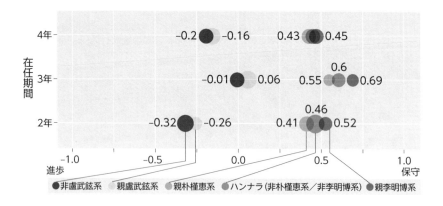

■出典：著者作成

## 派閥別投票傾向

　では、ビッグデータを通じても派閥政治の実体を確認することは可能だろうか。まず第18代国会における派閥別投票傾向を年度別（1～2年次、3年次、4～5年次）に整理した。すると全体を通して、政党としての結集力が比較的弱かったのは民主党だったが、意外なことに親盧武鉉系と非盧武鉉系議員間の投票傾向の差はさほど大きいものではないことが確認された。その差はむしろ、ハンナラ党の親朴槿恵系―親李明博系議員の間でより大きく表れた。これは主に親盧武鉉系―非盧武鉉系間の対立が国会内における立法行為に際しての対立としてではなく、国会外で展開されたためだという解釈が可能である。もう一つの解釈として、親盧武鉉系―非盧武鉉系間の争いが本格化したの

第4章　リーダーと派閥政治

図4-6　第19代国会 各政党と派閥別のイデオロギー分布

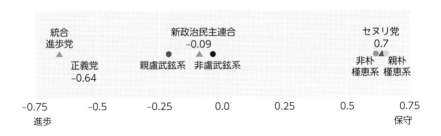

■出典：朝鮮日報（2015.2.18）より著者作成

が第19代国会だったということが挙げられる。親李明博系と親朴槿恵系の中間に，非李明博系・非朴槿恵系グループが存在する点も興味深い。全般的に親李明博系は親朴槿恵系より保守寄りに投票したという結果も表れた。これは李明博政権の政策に親朴槿恵系より親李明博系が積極的に同調したものと見ることができ，ごく自然な現象とも言える。親李明博系―親朴槿恵系間の確執は第18代国会中盤に頂点に達し，大統領選挙を前にした時点では，再びそれが小康状態となったことも確認できる。この時点ではすでに，力の均衡が現権力より未来権力に傾いていたと思われる。

第19代国会に入ってからは，派閥間投票傾向の差が与党より野党でより大きくなるという結果が得られた。実際にセヌリ党の親李明博系―親朴槿恵系間に存在する投票傾向の差は，ほぼ消滅したように見える。一方，野党の親盧武鉉系―非盧武鉉系間の投票傾向の差は，第18代国会に比べむしろ大きくなった。こうした結果を見ると，親盧武鉉系―非盧武鉉系間の対立が本格化したのは第19代国会に入って

からだということがわかる。

このような第18代，第19代国会の間の差異は，韓国国民が国会に対して抱く印象と一致する。文在寅前代表が大統領選挙で敗北してから，湖南地域での支持者離れが深刻な状況となり，ついには「親盧武鉉系覇権主義」に対する不満につながったという解釈が優勢である。そのため親盧武鉉系―非盧武鉉系間の闘争が激化し，支持率の低下，安哲秀議員の離党などを引き起こし，文在寅が党代表を辞任することになった。ビッグデータで見る第19代国会における野党内の派閥争いは，こうした一般的解釈と相通じるものと言える。


## 現権力と未来権力

韓国政治におけるもう一つの特徴は，現権力と未来権力との対立構図が現れることである。すなわち次期大統領選挙への出馬を念頭に置く与党の有力候補が青瓦台[a]と対立し，自己の主張を掲げて党・青瓦台，党内の抗争が引き起こされるという現象が生じるのである。

第18代国会任期中の当時のハンナラ党代表，朴槿恵の投票を分析してみると，こうした傾向が明らかになる。当時，朴槿恵の順位は進歩側から数えて121位で，ハンナラ党議員全体の中間値（205位）に比べ，大きく中道に寄っていた。すなわちハンナラ党の主流意見とは大きく異なる立場を取っていたと解釈できる。先に述べたように，親朴槿恵系の投票傾向が，実質的政権を握った勢力とも言える親李明博系

---

a　大統領官邸。転じて，大統領府。

より相対的に進歩的だったことも，現権力と未来権力との衝突による現象の一つとして捉えることができる。すなわち，現政権と差別化し，独自のアイデンティティーを追求する未来権力の戦略だと言える。実際，前述したように，李明博政権の支持率が最低値を記録した時期に親朴槿恵系—親李明博系間の差が最大となり，大統領選を目前にしてからその差が再び狭まっており，これも同様に解釈することができる。

皮肉なことは，第20代総選挙を前に，朴槿恵大統領と未来権力との衝突がセヌリ党内の党公認争いを引き起こし，ついにはセヌリ党の予想外の完敗に帰結したということである。とはいえ実際には，この時点での未来権力の最有力候補者であったセヌリ党キム・ムソン代表は，朴大統領が第18代国会で見せたような独自の主張は行わなかった。実際の投票傾向を見ると，キム・ムソン代表はセヌリ党内でも非常に保守的な（240位）部類に属している。朴槿恵政権の政策を，国会で忠実に支援しているかのように見せたのだ。

一方，院内代表に選出された劉承旼議員は進歩側から数えて149位と，セヌリ党の中ではかなり進歩派に近い投票傾向を見せた。これはキム・ムソン代表とは100位近くの差があり，過去にセヌリ党院内代表だったイ・ワング元国務総理（173位）よりも進歩的な投票傾向である。ビッグデータを分析してみると，劉承旼院内代表の「増税抜きの福祉虚構論」[a]は，すでに院内代表選出前から予見されていたのかも

---

a　朴槿恵政権の「増税することなく福祉財源を確保する」という公約に対し，経済学者出身の劉承旼が「『増税抜きの福祉』は虚構である」と国会で述べたことに端を発する議論。この議論は，劉承旼が朴槿恵政権と対立する契機となった。

しれない。いずれにせよ，第18代国会では世宗市問題[a]などで現権力と対立したことが朴大統領の当選に大きく寄与した一方で，大統領就任後の朴槿恵は，未来権力との対立をうまく解決できなかったという結果も示された。第20代総選挙の結果で朴大統領の「選挙の女王」神話は崩れ，セヌリ党は完敗した。

　一方，大衆に知られているところとは大きく異なる投票傾向を見せた議員もいる。まずセヌリ党の古参議員の中でも親朴槿恵系として知られるイ・インジェ議員（245位）は予想通り非常に保守的な投票傾向を見せた。反面，やはり親朴槿恵系として知られていたソ・チョンウォン議員（174位），キム・テホ議員（152位）などは相対的にかなり中道的な投票傾向を見せた。また親朴槿恵系として知られるイ・ジョンヒョン議員（143位）も，与党内での理念位置がかなり左寄りであった。これは選挙区（全羅南道の順天・谷城）の特性が反映されたものと解釈できる。


## 改革派は存在するか


　各政党には改革派が存在するのだろうか。それは，韓国政党政治に不満を持つ多くの有権者にとって気になる疑問である。各政党には過度な派閥論理に陥らず，改革的でありながら中道的なイメージを掲げ

---

a　ソウルに代わる新たな首都建設を目指し，盧武鉉政権時に推進された世宗市設立事業は，李明博政権に入り与党内での意見の対立が見られるようになった。ソウルの行政機関を一部，世宗市へ移転させる当初の「行政中心都市」案を支持する親朴槿恵系と，原案の実行は困難とし，「教育・科学中心都市」を目指す修正案を提示した親李明博系とが激しく対立した後，修正案は国会本会議で否決されるに至った。

第4章　リーダーと派閥政治

図4-7　政党内の改革派議員小グループのイデオロギー傾向

■出典：Hahn et al（2014），p.532より著者作成

　る若い政治家たちがいる。セヌリ党ではウォン・ヒリョン済州道知事，ナム・ギョンピル京畿道知事，チョン・ビョングク議員などがその例である。また，共に民主党ではアン・ヒジョン忠清南道知事が代表的な例だと言える。しかし，彼らが持つ大衆的イメージと実際の投票傾向は異なる場合もある。改革的イメージが政治家としての競争力に有利であるため，戦略として改革的スタンスと修辞を利用することもある。反対に，内部では党執行部との円満な関係を維持するために，党の意見に忠実に従って投票することが自らの政治的利益につながるからこそ，改革的姿勢を取ることもある。全ての議員はこうした，互いに相反する二つの動機を持つことになる。
　各政党における改革派が誰であるかは明確に規定されているわけではないため，ここではまず，各政党で改革傾向を見せる小グループを分析する。各グループに所属する議員名簿が公表されたことはないが，マスコミで報道された名簿を中心に有力メディアの国会担当記者

の検証を経て，確実に小グループ所属と分類される議員の名簿を確定した。具体的には，第18代国会でハンナラ党議員小グループである「ミンボン21」と「共に明日へ」，そして民主党内の議員小グループの「国民と共にある国会議員グループ（以下，国民グループ）」に所属した議員を分析対象とした。「ミンボン21」はハンナラ党内の少壮派議員の集まりで，主に初当選議員が率先して参加し，党内では比較的改革傾向を掲げる。一方，「共に明日へ」はハンナラ党内における代表的な親李明博系議員の集まりとして知られる。「国民グループ」は民主党内の非主流派強硬議員の集まりで，民主党内でも相対的に，進歩的な傾向の強いグループである。

図4-7で示されたように，小グループ所属の議員と各政党の他の議員たちとの投票傾向の違いは，非常に明確である[12]。もちろん，最も明確な傾向の差異は両政党間に見られる。しかし一般的な認識とは異なり，強力な党論投票[a]の存在があるにもかかわらず，各小グループ所属の議員らはそれぞれ，ある程度，独自の投票傾向を見せている。すなわち，韓国の国会にも厳然とした理念スペクトラムが存在するということを示している。

「ミンボン21」所属の議員は，当時のハンナラ党議員の平均より進歩的な傾向を見せている。反対に，「共に明日へ」所属の議員は，ハンナラ党の平均的な議員よりはるかに右寄りに位置した。「ミンボン21」の場合，ハンナラ党の他の議員と比べ，60位近く進歩的な傾向（全ハンナラ党所属議員数171人）を見せ，「共に明日へ」の場合，他の議員と比べ50位以上，保守的な傾向を示した。同じハンナラ党でも「ミ

---

a 個人の意見・意思とは関係なく党の政策に従い，党で意見を統一して行う投票。

第4章　リーダーと派閥政治

ンボン21」と「共に明日へ」所属の議員とでは平均100位以上の差が
あることになる。「ミンボン21」所属の一部の議員は，ハンナラ党の
主流よりも，保守的傾向を見せる一部の民主党議員に近い位置を占め
た。

　これに対して，「国民グループ」は民主党の平均より強い進歩的傾
向を見せ，他の議員と比較すると，30位（全民主党所属議員数85人）
近く，進歩的な投票傾向を示す結果となった。

87

# 第5章

# イメージと世評の政治

2014年6月4日，全国同時地方選挙でソウル市教育監[a]の選挙運動中，コ・スンドク候補の娘がSNSに「キャンディ・コ Candy Koh」という英語名で父の教育監出馬を批判する投稿を行い波紋を呼んだ。コ・スンドクは候補としての資質に打撃を被り，遊説中に娘に向けて謝罪の言葉を叫びながら，手を高く突き出すパフォーマンスを見せた。以降，SNSではコ・スンドク候補のこの姿を撮影した写真が幾度となくパロディー化，戯画化され，選挙終了後にも嘲笑は続いた。

　京畿道水原市国会議員選挙に出馬したパク・クァンオン候補の娘は，Twitterに「SNSで親孝行というものをしてみよう」というアカウントを作り，選挙期間を通してその活動が話題になった。Twitter利用者がよく使う単語を存分に活用し，娘の立場から候補をユーモラスに表現することで，Twitter利用者との距離感を縮めた。パク・クァンオン候補の知名度の低さを政治に対する「根気と愚直さ」で彩り，親しみやすい家長の姿を繰り返し見せることで，有権者から明るく若々しいという評価を獲得した。選挙の結果，パク・クァンオン候補は当選し，そのような結果をもたらした娘の活躍が注目を集めた。

　SNSではテキスト情報と写真，動画を見栄えよく結合し，誰でも新しいコンテンツを制作，拡散することができる。政治家がこれをうまく活用すれば，多くのフォロワーに効果的に魅力をアピールすることができるが，特定のイメージを持つメッセージばかりが刺激的に目立ちやすいプラットフォームでもある。そしてオンライン上で形成されたイメージは，オフラインでも有権者の認識に影響を与える。

　米国の場合もSNSは政治舞台の主役を担っており，一般的なイン

---

a　各広域自治団体の教育に関する事務を総括する職。

ターネット利用者よりSNS利用者のデータのアップロード量ははるか
に多く，かつ積極的である。米国の政治家たちは特にTwitterを選挙
運動の中心的なツールと認識して積極的に活用し，オンライン上にお
けるイメージマーケティングの成功可否が最も重要であると捉えてい
る。2012年の共和党の大統領候補予備選挙で，ニュート・ギングリッ
チ Newt Gingrich が自分を「壮大な grandiose」アイデアを持つ人物だ
と語ったことがあった。するとミット・ロムニー Mitt Romney 候補が
すぐさまこれを取り上げ，Twitterに「壮大なニュート grandiosenewt」
というハッシュタグを付け，人はいかなるときに偉大に見えるものか，
について議論しようと呼びかけた。ギングリッチの発言は戯画化され，
瞬く間に，彼に対する滑稽なイメージが形成された。

　米国の政治家は世論と対立候補に対して敏感に反応し，即座にSNS
を利用する。対話や話題のテーマに制限を設けずメディア別の特性を
活かし活用しており，Twitterではリツイート，リンク，ハッシュタ
グ，簡潔で核心を突くメッセージなどで候補者のイメージを形成す
る。他方，インスタグラム[a]やスナップチャット[b]では写真や動画中心
の記事をシェアしている。

---

a　スマホ向けの写真・動画共有アプリ。
b　スマホ向けの写真・動画共有アプリ。

# イメージ政治の力

　韓国政治における政治家が持つイメージの重要性は，単純な言葉で言い表せない。政治家のイメージは政治家自身の資産であり，うまく管理すべき戦略的資源である。有権者は投票の際，政党と政治家に対する好感度，選挙時期に表れたイシューなどから影響を受けるが，その中でも特に政治家の持つイメージは重要な影響を及ぼすものである。有権者が政治家に対して抱く好感度は，その政治家のイメージと互いに関連しており，状況により異なる様相を見せることになる。

　イメージ政治はメディア[a]と結合することでさらに強力な力を発揮する。例えばメディアは，政治家の特定のイメージを有権者に植え付けることができる。メディアは政治家が提供する豊富な写真や動画，言葉によるメッセージを国民に伝え，国民はテレビ，新聞，インターネットで政治家関連の報道に触れながら，候補者に対するイメージを頭の中に思い描く。政治家はメディアとの関わりの中で，自分のイメージに対するプラス効果を得たりマイナス効果を得たりする。

　政治家が国民にイメージをアピールするのは，それが究極的には好感度を効果的に高めるための手段だからである。政治家は自分に関する情報を単純に伝達するだけにとどまらず，ストーリー性のある物語にして伝え，自己の戦略的イメージをつくり出そうとする。SNSが普及し，政治家のメッセージ，写真，動画が共有され，誰もが容易に閲覧可能な視覚的なデータに触れられるようになった。SNSを通じて，

---

a　ここでの「メディア」はSNSなどを含む，有権者と政治家をつなぐ「媒体」の意味である。

第5章　イメージと世評の政治

短期間のうちに世論の関心が変化するようになり，政治家はメディアを利用して単純かつ，容易に，自らのイメージを形成できるようになった。政治家のイメージは候補者が意図的に形成しようとした結果であるときもあれば，世論の偏りにより意図せず浮き彫りになって形成されたイメージであるときもある。メディアが報道する，候補者に関するイシューや政治家のイメージが有権者に影響を与え，選挙結果にまで波及するケースも多い。

　韓国の場合，政党が頻繁に離合集散するため，国民が政党や特定派閥に対して堅固な，かつ一貫した信頼と支持を維持することは難しい。政党の政策も絶えず流動的に変化するため，国民は政党のスタンスを持続的に支持することが困難な状況にも置かれている。政治家は特定イシューを掲げながらメディアを通じて自己のポジティブなイメージを創出しようとする。メディアが一定期間，特定のイシューに焦点を当てて話題にすることで，政治家と特定のイシューが関連づけられ，これを基に政治家に対する国民のイメージは形成される。

　候補者に対するSNS上の評価は有権者の好感度につながるものであるが，政治家に対する合理的，かつ理性的な判断の結果というよりは，有権者の直感や感性，感情的な情報と関連が深い。言語による情報だけではなく，非言語的情報，写真，動画などが簡単にインターネット上で拡散されることもあり，こうした情報が政策イシューのような理性的情報と相互に影響を及ぼし合いながら候補者のイメージを形成してゆく。有権者は，SNSで浮き彫りになるイメージを通して候補者を評価する。

　政治家のイメージは一般的に業務遂行能力，リーダーシップのような資質，個人の品格，道徳性，国政運営における信頼度などの政党活

93

動の業績と，個人の性格に対する評価が総合的に重ね合わされて形成される。SNSではその中でも話題に上りやすいイシュー，直感的に好感度に影響を及ぼすことのできるイシューが表出し，候補者の評価に影響を与える。例えば，候補者の親しみやすい性格，清廉潔白な生活態度，誠実さなどの要素が好感度に影響を与える。こうした要素は有権者の選択に変化をもたらす要素にもなり得るものである。

政治家の個人的なイメージが大衆の選択に影響を及ぼすのは，イメージが好き嫌いを左右する感情と関連があるためである。人がある政治家を思い描いたとき，すぐに特定のイメージを思い浮かべることができ，政治家に対して好感を抱くようになると，その政治家が掲げる政策についても好意的に考えるようになる[13]。そのため政治家は選挙に向けて，どうすれば自身のイメージをポジティブに見せられるか，苦心するのである。

政治家のイメージは組織としての政党における候補者の業績に関する公的イメージと候補者個人の私的なイメージとが結合し，総合的に評価されるものである。ところがSNSでは候補者個人の私的なイメージが表出されやすい。こうした私的イメージは，有権者が候補者に対して抱く感情面の情報である。SNSは候補者と有権者間の直接的な意思疎通を可能にするためのツールであるため候補者の日常のイメージが拡散されやすく，有権者が政治家と実際に人間関係を結んでいるかのような錯覚に陥ることさえある。

その真偽にかかわらず，政治家の飾り立てられたイメージは国政遂行能力とは無関係であることが多いが，政治家のそのようなイメージが選挙結果に影響を及ぼすこともある。SNSのようなメディアでは組織としての政党より，政治家個人がブランド化され，政治家個人の特

色だけが強調される。政治家個人に対する好感度が投票に直結することもあり，そのような場合，有権者の理性的判断ではなく，候補者に対してにわかにつくり上げられたイメージが候補者に対する評価に影響を及ぼすのである。

## 候補者イメージとネガティブイシュー

　選挙における候補者のイメージに最も大きな影響を与えるのは，候補者をめぐるネガティブイシューと，対立候補によるネガティブキャンペーンである。候補者を誹謗中傷し非難するネガティブイシューは話題を呼びやすいため急速に広まり，候補者に特定のイメージを植え付け，さらには選挙にも影響を及ぼす。選挙において韓国の有権者は，政策に関するイシューよりもネガティブイシューに敏感な傾向があり，選挙のたびに困難に直面する候補者が増加している。1997年にさかのぼると，当時，大統領選挙に出馬した李会昌候補について，息子の兵役免除に関する議論が選挙の勝敗を分かつ問題となった。2007年の大統領選挙でも，当時の李明博候補に関してBBK株価操作事件[a]と道谷洞土地関連疑惑[b]が浮上し，選挙に影響を及ぼした。

　選挙においては候補者に関するネガティブイシューが常に議論を呼び，攻撃の的となり，学者たちは政治領域で否定性negativityが選挙に及ぼす影響について悲観的な見解を示している。候補者が選挙戦で

---

a 投資顧問会社BBKが株価操作を行い，投資家が莫大な被害を被った事件。李明博大統領もそれに関与したのではないかという疑惑が浮上した。
b 李明博が家族ぐるみで土地を不正に入手したとされる疑惑。

政策や専門性に基盤を置いたイシューよりも，個人に対する誹謗中傷や噂，感情的な訴えなどを多く取り上げれば，それは政治に対する冷笑を含んだ不信感や敗北主義的な感情をあおり，投票にマイナスの影響を及ぼす結果をもたらす。洗練された政治を目指すため，また規範的な意味でもイメージ中心の選挙は，質の高い民主主義とは言えない。

　ところが，選挙におけるネガティブイシューとイメージは際限なく表出され，候補者はこれを巧みに管理しなければならない状況に至っている。候補者は常に対立候補の欠点を暴こうとし，政党同士の対決でもネガティブイシューを攻撃的に利用する。テレビの選挙，政治関連番組の登場とSNSの普及により，ネガティブイシューの拡散が容易になった上，ネガティブイシューは肯定的なメッセージより伝達範囲が広く，伝達速度も速い。ネガティブイシューでつくり上げられた候補者のイメージは事実関係がどうあろうとダイレクトに形成され，マイナスの影響を及ぼすことになる。

　韓国政治に対するイメージをビッグデータで見てみると，政治に対する国民の否定的な認識が明白に表れる。2012年から2016年までの4年余りで，政治関連記事に対するインターネット上のコメント1億4842万件を追跡調査した結果，すべてのキーワードでネガティブな意味を持つ単語が頻繁に用いられたことがわかる。図5—1は政府，政治家，選挙などを主要キーワードとして検索した際に，コメントの中にどのような関連単語が最も多く用いられているかを調査したものである。

　図5—1を見ると，「不正」「問題」のような単語から「クズ野郎」「ろくでなし」のような多少過激な表現まで用いられていることがわか

第5章　イメージと世評の政治

図5-1　韓国政治イメージ関連キーワード

■出典：毎日経済（2016.1.31）より著者作成

る。インターネット上のコメントで卑俗語の使用はよくあるが，政治を見つめる一般大衆の視線が嫌悪に近い否定的な認識に基礎を置いていることは，現在の韓国政治の嘆くべき現実である。

　また，労働組合と市民団体に対しても好意的な視線より，批判的な単語が多く見られたということも特徴的である。「労組」と「貴族」の関連性は労組が既得権そのもののように思われている現象と解釈することができる。その他，労組の姿を言及する単語として「強硬」「不法」などの単語が現れた。また，大きな選挙がなかった2015年のデータ

97

を分析したものであるにもかかわらず，「選挙」というキーワードが「不正」「操作」「詐欺」などの単語と共に表れたことから，韓国政治に対するイメージがプラスの性格を帯びていないということがわかる[14]。

## 政治家の世評が選挙を左右する

2011年10月26日に行われたソウル市長補欠選挙は全体投票率45.9％で，2000年以降に行われた補欠選挙の中で最高の投票率を記録し，ハンナラ党ナ・ギョンウォン候補と野党統一候補パク・ウォンスン候補が大接戦を繰り広げた。選挙運動中，多くの選挙関連イシューが人々の関心を集めたこの時期，SNSは活発に話題を生産，消費するメディアとなり，選挙結果にも影響を及ぼした。

2011年のソウル市長補欠選挙に出馬した二人の候補に関する選挙イシューと世評は，当時のTwitterに表れたオンラインバズ buzz を通して把握できる。オンラインバズとはオンライン上で言及された回数を意味するものである。この時期に韓国語で投稿された選挙関連のツイートすべてを，データマイニングを用いて収集，解析してみると，各候補者のフォロワーを中心に世論が肯定的な傾向を見せたか，否定的な傾向を見せたかを把握することができ，各候補者に関するイシューとその発生推移を追跡することができた[15]。

ソウル市長補欠選候補と関連して投稿された主なイシューは，ナ・ギョンウォン候補関連では江南VVIP皮膚科，シン・ジホ「100分討

第5章　イメージと世評の政治

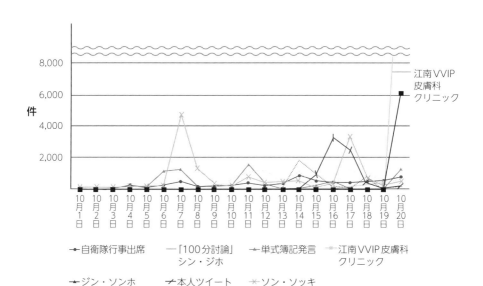

図5-2　ナ・ギョンウォン候補のバズ発生および消滅の推移

■出典：チョ・ファスン／キム・ジョンヨン (2013), p.79より著者作成

論」[a]，盧武鉉私邸批判発言，前補佐官による「良心の告白」などであった。パク・ウォンスン候補に関しては学歴詐称疑惑，不正学部変更疑惑，野党陣営統一候補確定，父親の中傷，兵役疑惑などについて主に言及された。図5―2はナ・ギョンウォン候補と関連してTwitterで言及された主なイシューを示している。

---

a　時事討論番組。

ナ・ギョンウォン候補の場合，Twitterで最も多く言及されたイシューは江南VVIP皮膚科クリニックに関するものであり，最も長期間継続したイシューは，ハンナラ党スポークスマン時代の2008年に起こった盧武鉉私邸批判発言と関連したものだった。江南VVIP皮膚科クリニックについての話題は，関連疑惑が浮上した2011年10月20日だけで1万2000件以上のツイートが投稿された。これは，江南地域で超高級に分類される皮膚科クリニックにナ・ギョンウォン候補が頻繁に出入りしてきたことが知られ拡散したものである。ナ・ギョンウォン候補が数億ウォンという会費を支払い，超高級皮膚科クリニックに通ったという情報は，事実確認がなされないままツイートで拡散された。ナ・ギョンウォン候補は数億ウォンという費用に関しては否認したが，この問題はナ・ギョンウォン候補に強力な影響を及ぼし落選をもたらすネガティブイシューとなった。

　また，シン・ジホ議員のMBC「100分討論」関連のツイートも1日に4000件以上投稿された。これは当時，ナ・ギョンウォン候補のスポークスマンだったハンナラ党のシン・ジホ議員が2011年10月6日のMBC「100分討論」に飲酒状態で参加したというイシューである。ナ・ギョンウォン候補の前補佐官は2011年10月18日から3度にわたり，ナ・ギョンウォンの市長としての資質に疑問を投じるネガティブな記事をブログに掲載した。前補佐官による「良心の告白」と言われたこのブログは，インターネットを通じリンクされ広まった。

　図5—3はパク・ウォンスン候補に関しTwitterで話題となった主要イシューの推移を示している。パク・ウォンスン候補の場合，学歴に関する話題が多く，その次にバズ発生量が多かった，父親に対する中傷騒動の持続期間が最長だった。詳しく見てみると，パク・ウォン

第 5 章　イメージと世評の政治

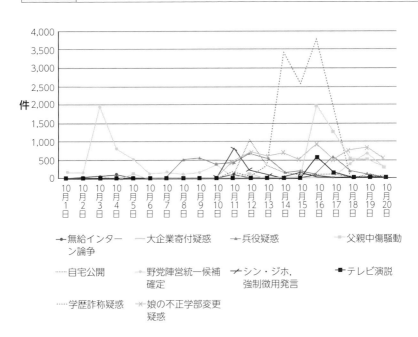

図5-3　パク・ウォンスン候補のバズ発生および消滅の推移

■出典：チョ・ファスン／キム・ジョンヨン（2013），p.80より著者作成

スン候補に関するイシューの中では，ハーバード大学の学歴詐称疑惑が1日に最高3700件ほど言及されている。ソウル大学法学部の学歴詐称疑惑と，ハーバード大学ロースクール客員研究員の経歴に対する詐称疑惑も提起されている。

　父親の親日経歴疑惑は日本の植民地時代，日本軍の慰安婦募集責任者として活動していたのではないかという疑惑である。娘の学部の不正変更イシューは，ソウル大学美術学部から法学部へ学部変更をした際，チョ・グク教授が介入したという主張である。パク・ウォンス

101

| 図5-4 | ナ・ギョンウォンとパク・ウォンスンに関するイシュートップ10のツイート，リツイートのフォロワー分布 |

ナ・ギョンウォン・イシュートップ10に関するツイートフォロワー分布

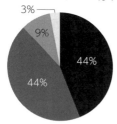

ナ・ギョンウォン・イシュートップ10に関するリツイートフォロワー分布

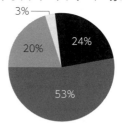

パク・ウォンスン・イシュートップ10に関するツイートフォロワー分布

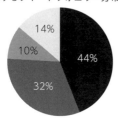

パク・ウォンスン・イシュートップ10に関するリツイートフォロワー分布

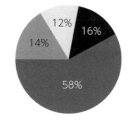

■ 一般（その他）利用者
■ ナ・ギョンウォン，パク・ウォンスン両者のフォロワー
■ パク・ウォンスンのフォロワー
■ ナ・ギョンウォンのフォロワー

■出典：チョ・ファスン／キム・ジョンヨン（2013）．p.80より著者作成

候補の息子が兵役逃れをしたのではないかという疑惑についても，長期にわたり言及された。

　図5—4は，両候補に関するイシューが主に誰によりツイート，リツイートされたかを調査したものである。各候補に関するイシューのツイートフォロワーとリツイートフォロワーの分布を見てみると，ナ・ギョンウォン候補に関するイシューは主にパク・ウォンスン候補

第5章　イメージと世評の政治

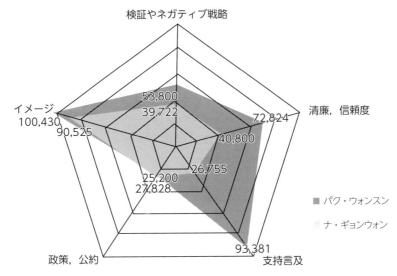

図5−5　ソウル市長選挙関連イシューに対するTwitter利用者の反応

＊各領域に関する肯定的なツイート，単位：件

■出典：東亜日報（2012.10.27）より著者作成

のフォロワー（44％）と一般の利用者（44％）によりツイートされている。一方，ナ・ギョンウォン候補を支持するフォロワー中，ナ・ギョンウォン候補に関するツイートを投稿したのは3％のみだった。

　Twitterで言及された二人の候補の論争内容で注目すべき点は，ナ・ギョンウォン候補に関するイシューのリツイートもまた，主にパク・ウォンスン候補のフォロワーにより行われている点である。反面，パク・ウォンスン候補に関するツイートは，パク・ウォンスンのフォロワー（32％）と一般利用者（44％）の主導で投稿されていた。また，ナ・ギョンウォン候補に関する話題はパク・ウォンスン候補の支持者が投

103

稿し，パク・ウォンスン候補に関するイシューのリツイートもパク・ウォンスンのフォロワー（58％）により積極的に行われていた。

　ナ・ギョンウォン候補に対する否定的な言及は，主にパク・ウォンスン候補の支持者と一般利用者により投稿された。江南VVIP皮膚科クリニックに関するイシューと，前補佐官による暴露問題について，10月20日だけで通常の2倍ほどの彼に対する否定的な言及がなされたが，このイシューは同時にパク・ウォンスンのフォロワーにより提起される割合が高かった。反対に，パク・ウォンスン候補に対する否定的な言及はナ・ギョンウォンのフォロワーと一般利用者によりなされたが，その割合は小さく，むしろパク・ウォンスンのフォロワーがパク・ウォンスン候補の否定的な疑惑について反論する内容のツイートを多数投稿することで，パク・ウォンスン候補を擁護する動きが見られた。

　Twitter利用者は，ナ・ギョンウォン，パク・ウォンスン両候補のイメージに関するツイートを大量に投稿したが，パク・ウォンスン候補に対する支持に言及したツイートは，ナ・ギョンウォン候補に比べ圧倒的に多かった。

　Twitterで言及された両候補に関するイシューの中で，言及量が多かったものとフォロワーの関係を見てみると，ナ・ギョンウォン候補に関するネガティブイシューは一様にリツイートされている反面，パク・ウォンスン候補に関しては特定の幾つかのイシューがリツイートされるにとどまった。この幾つかのイシューについても，ネガティブな情報に反論する内容のツイートが多かった。図5—6では黒がナ・ギョンウォン候補，グレーがパク・ウォンスン候補をフォローする利用者を表しており，これにより利用者が集中したイシューを把握する

第5章　イメージと世評の政治

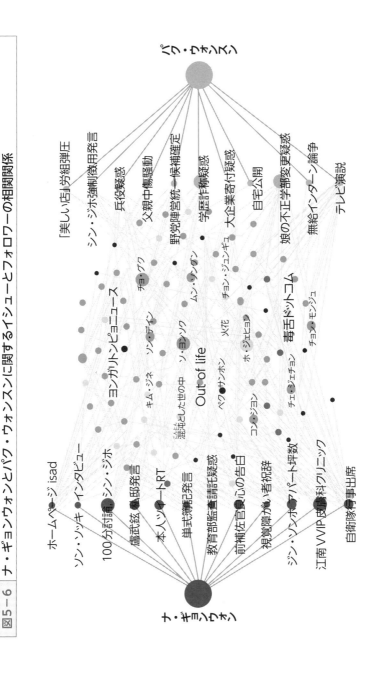

図5-6　ナ・ギョンウォンとパク・ウォンスンに関するイシューとフォロワーの相関関係

■出典：ソーシャルメトリクス（SOCIALmetricsTM、ダウムソフト社のソーシャルメディア分析サービス）

105

ことができる。

　また，ナ・ギョンウォン候補に関するツイートでは，イシューに対して「びっくりする」「笑える」などの皮肉めいた感情表現が主に用いられた。「ナ・ギョンウォンの皮膚科クリニック騒動，ちょっと笑える」「びっくり(・o・)ただただ……w」「ナ・ギョンウォンの選挙カーがうるさい」といった内容である。一方，パク・ウォンスン候補については「政治は汚い」「政治って怖い」など，政治全般に対する懐疑的な感情を表現する言葉が多かった。

　ソウル市長補欠選挙過程では両候補について，候補の個人的な資質や身の上に関する非難，ネガティブイシューなどが主に投稿され，再びそれを非難，もしくは支持する世論が不規則に出現しては消滅する様子が確認された。Twitter上でナ・ギョンウォン候補が占める空間はパク・ウォンスン候補より小さかった上，世評はネガティブな方向に表れた。ネガティブに形成されたイメージがフォロワーによって支持，波及され，そうした世論の流れが選挙に反映された結果，ナ・ギョンウォン候補は敗北を喫したのである。


## 知名度こそが勝利のカギ


　SNS政治の時代が到来した現在，オンライン上の言及量は通常，支持率に直結する。政治家の「知名度」は選挙における「票」につながる可能性が高いためである。もちろんその言及がポジティブなものかネガティブなものかという分析が必要ではあるが，知名度が重要な政界の争いにおいて，「無名」ほど最悪なものはない。そのため人々に忘

れられるよりはノイズマーケティングを用いてでも記憶に残ろうとい
う戦略を取る政治家がいることを想像するのは難しくない。政治家に
とってバズを拡散することが重要な理由がここにある。

　こうした傾向は，政界にのみ表れる現象ではない。コーヒーチェー
ン店を例にすれば，インターネット上で言及もされないコーヒー
チェーン店には客は訪れようとしない。もちろんインターネット利用
者の政治家に対するアプローチと，コーヒーチェーン店に対するアプ
ローチには本質的な違いがある。インターネット上のコーヒーチェー
ン店に関するバズは大半がポジティブな内容だが，政治家に関するも
のは主にネガティブな内容だからである。しかし双方について生じる
オンライン上の関心度はそれぞれ売り上げ，もしくは得票につながっ
ている。

　実際，韓国における2012年以降の各コーヒーチェーン店に関する
オンライン上の言及量と売り上げを比較してみると，相関性が確認さ
れる。グーグルトレンドによる2012年以降のスターバックス，カフェ
ベネ[a]，コーヒービーン[b]，イディヤ[c]の言及量に関する調査では，スター
バックスが圧倒的優位に立ち，残り3社は次第に言及量が低下してい
るのがわかる（2013年11月にカフェベネの言及量が急上昇したのは，
コーヒーに対する言及ではなく，株価急騰のために発生した特異な言
及である）。興味深いことに，2012年以降の売り上げのグラフも同様
の推移を示した。

　公職選挙法上，SNSを利用した選挙運動が許可されてから初の選挙

---

a　2008年に韓国でオープンしたコーヒーチェーン店。
b　ロサンゼルスに本部を置き，韓国にも出店するコーヒーチェーン店。
c　2001年に韓国でオープンしたコーヒーチェーン店。

| 図5-7 | コーヒーチェーン店 SNS言及量 |

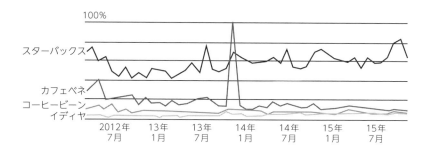

■出典：グーグルトレンド（検索：2016年6月）

| 図5-8 | コーヒーチェーン店 売り上げ推移 |

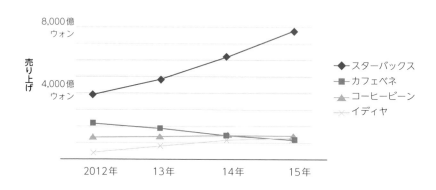

■出典：金融監督院 電子公示システム

第5章　イメージと世評の政治

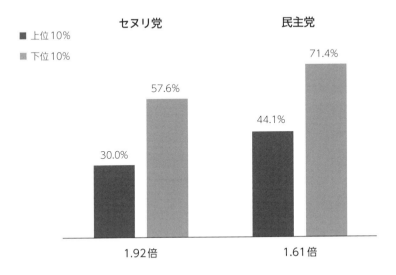

図5-9　Twitterフォロワー数と第19代総選挙における再・党公認[a]の可否

■出典：著者作成

となった2012年の総選挙では，政治家が多くの国民とフォローし合い，バズの確保に努めた。TwitterのフォロHYPERLINK関係やFacebookの友達関係があれば，有権者によるフィードバックを通じて費用をかけずに自己のメッセージを伝達することができ，さらに彼らの友達やフォロワーにまで拡散することができるためである。SNS上の友達やフォロワーの数は知名度を反映する。逆にこの点を利用し，知名度を上げる目的で，SNS上の友達やフォロワーを増やすという手法が用いられた。

---

a　所属政党から，再度，公認を獲得できた現議員の割合。

| 図5-10 | Twitterのフォローから推定されるイデオロギー傾向と法案投票結果との関係 |

Twitter上
のイデオロ
ギー傾向

進歩　　　　　　　　　　　　　　　　　　　　　　　　　　保守

Twitterと法案投票の相関係数[a]

| 全議員 | .312 |
|---|---|
| セヌリ党議員 | .001 |
| 民主党議員 | .078 |

法案投票結
果のイデオ
ロギー傾向

■出典：著者作成

　SNS上で対立候補より多く言及されることが必ずしも勝利を保証するものではないが，言及されないよりは多くの得票が保証されるに違いない。

　政界は党公認に関してもこうしたメカニズムを反映させた。つまりフォロワーが多い議員は党公認候補になる確率が高く，すでに高い知名度を確保していたり，SNSを通じて知名度を高めたりした議員がより多く党公認を受けたのである。他の条件が同一だと仮定した場合，セヌリ党議員の中でフォロワーが多い議員は，そうでない議員より党公認候補になる確率が2倍近く高く，民主党でもその確率は約1.6倍

---

a　Twitter・法案投票結果のイデオロギー傾向について，国民の党なども含む全議員でみたとき，相関係数は0.312とあまり高くない。
　さらにセヌリ党，また民主党という党のくくりで見ると，さらに相関係数は低下する。
　すなわち本文中にもあるように，Twitter上のイデオロギー傾向は，法案投票への態度と大きな相関を有しない。また，Twitter上のイデオロギー傾向が党の大方針と異なり，進歩的あるいは保守的な態度を示していた場合においても，実際の国会における投票結果は，議員の所属政党のイデオロギーから強く影響を受けていることをうかがわせる結果となっている。

高かった。当時セヌリ党が，本来の支持層ではない若年層を攻略するためにSNSを活用したキャンペーンを重要視したのも，そのような観点から見ると納得できる。

　面白いことに，Twitterのフォロー関係の分析により導き出された議員の「推定」イデオロギー傾向と，法案投票を通じて分析した「実際」のイデオロギー傾向とは関連性がないということが明らかになっている。法案投票をかなり保守的に行っても，Twitterでは非常に中道的に見える議員もいれば，その反対のケースも多く見られたのだ。有権者が自己を偽る政治家に翻弄されているとも言えるが，人気に迎合する環境に後押しされ，政治家が有権者を翻弄するに十分な環境がつくられているとも言える。

　SNSが有権者に対して選挙行為への参加を促す効果を発揮するという現象は，各国の選挙で観察されるが，これは韓国政治においてもよく見られる現象となっている。SNSを活用した選挙で，若者が即興的な遊び感覚で選挙キャンペーンに参加したり，投票証明写真を投稿したりすることなどで投票勧誘キャンペーンを活性化し，選挙への関心が鼓舞されている点はポジティブな評価を受けている。しかし新たな選挙のパラダイムへの転換は，有権者の動員と組織化を新たな方向へ移行させると同時に，候補者の人気ばかりをアピールすることに注力する選挙を生み出すことになる。

　候補者はこうした効果を認識し，SNSを利用して有権者に訴えようとする。候補者の立場としてはSNSを頻繁に利用することで，それが実際の投票率に好影響を及ぼすことを狙うのである。Twitterを通じた候補者のキャンペーンを調査すると，ツイートの露出度が高い候補者ほど有権者を投票へ導く可能性が高かった。露出度は，候補者の

メッセージがリツイートされ，有権者に拡散される回数を意味し，ネットワークの影響力を示す指標でもある。SNS上で有権者とつながることで露出度を高め，影響力を拡大させることができるのだ[16]。

　有権者はSNS上で選挙キャンペーンに関与することにより，有権者間の連帯を形成しながら候補者に対する影響力を行使しようとする。また，選挙に対する人々の関心と選挙結果とは密接な関連があることを示す研究結果もある。人々がSNSで候補者をどのように認識しているかを見れば，世論が候補者をどのように判断しているのかを推測することができる。ソウル市長補欠選挙のように，有権者は政治家の「実際」のイデオロギー傾向や政策より，SNS上で目にするつくられたイメージと世論の流れにたびたび影響を受けて投票を行っている。


# 安哲秀シンドロームの中の安哲秀イメージ

　政治家に対する関心は，SNS上でドラマチックに変化する。政治家，安哲秀が初めて登場したとき，SNS上での安哲秀の人気は，これまでの政治家には見られなかったレベルにまで達した。これは政治に関する言及量の増加と，安哲秀という新たな人物に関する言及量の変化を比較することで把握できる。

　安哲秀は2011年，いったんソウル市長選への立候補がささやかれた後，これを断念し，パク・ウォンスンとの候補者統一を発表する過程で，その存在は国民の爆発的な関心を呼んだ。そうした過程を経て彼は大統領候補として浮上し，当時，朴槿恵と関連した議論において

第 5 章　イメージと世評の政治

| 図5−11 | 2011年 安哲秀ブーム |

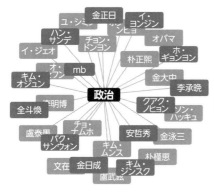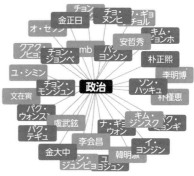

7月23日〜8月23日

| No. | 関連語 | 検索件数 |
| --- | --- | --- |
| 1 | オ・セフン | 6,153 |
| 2 | 李明博 | 2,794 |
| 3 | 盧武鉉 | 1,886 |
| 4 | 朴槿恵 | 1,726 |
| 5 | 文在寅 | 1,360 |
| 6 | 鄭　東泳（チョン・ドンヨン） | 1,256 |
| 7 | mb[a] | 1,108 |
| 8 | ソン・ハッキュ | 1,042 |
| 9 | クァク・ノヒョン | 919 |
| 10 | 金大中 | 912 |

9月1日〜9月29日

| No. | 関連語 | 検索件数 |
| --- | --- | --- |
| 1 | 安哲秀 | 29,547 |
| 2 | パク・ウォンスン | 10,265 |
| 3 | クァク・ノヒョン | 5,970 |
| 4 | 朴槿恵 | 4,264 |
| 5 | 李明博 | 4,204 |
| 6 | ナ・ギョンウォン | 2,856 |
| 7 | 盧武鉉 | 2,824 |
| 8 | ユン・ヨジュン | 2,694 |
| 9 | チョン・ヨオク | 2,306 |
| 10 | オ・セフン | 2,251 |

■出典：ソーシャルメトリクス（SOCIALmetricsTM, ダウムソフト社のソーシャルメディア分析サービス）

a　mbは李明博のニックネーム

### 図5-12 安哲秀のイメージ

■出典：ソーシャルメトリクス（SOCIALmetricsTM, ダウムソフト社のソーシャルメディア分析サービス）

も，彼への関心は高まる一方だった。安哲秀に対するイメージは，ソウル市長選挙への出馬を巡る時期には出馬の賛否と期待に関するツイートが多く，候補統一化以降には肯定的なバズの割合がさらに増加した。

　この2011年9月，安哲秀の政界登場で「安哲秀シンドローム」が生まれた。ビッグデータ分析企業であるダウムソフトが2012年に行った調査によれば，当時のTwitter上の議論を主導する政治家として最も好意的な評価を受けた人物がまさにこの安哲秀である[17]。安哲秀への言及において，そこにポジティブな単語がどの程度含まれているかを調査した好感度調査では，その中に「信頼」「信用」「清廉」などの単語が含まれていた。いわゆる「安哲秀シンドローム」は，Twitterで取り上げられた話題が注目人物を作り出す過程を示す代表的な事例である。実際，「シンドローム」の実体はメディアやSNSにおける流行のようなフレーミング効果によって期待がかさ上げされる傾向が強い。安哲秀についてのイメージは，人々の期待心理を刺激し，満足させる，または一時的に注目を集め，忘れ去られるようなたぐいのものであったかもしれない。人々は，特定の人物に期待し，その人物に期待を集中させたいという欲求や欲望を持っており，それらが選挙を通じて安哲秀という政治家に投影された形である。

　安哲秀教授の登場とパク・ウォンスン市長の当選は，韓国の有権者が政党政治に対して変化を望んでいることを意味していた。これまでの政党政治に不信感を抱く有権者は，安哲秀という人物が持つIT事業家，大衆の人気を得る有名人というイメージから，彼が新たな時代の要求するホリゾンタル・リーダーシップと新たな資質を備えた人物であると理解した。安哲秀は政治家になる以前から，すでに人々の注

目を集めた有名人だったが，これまでとは違う領域における社会的寄
与と公的責任の意を示したことで，そのイメージが，新たな人物を望
む国民の熱望と合致することになったのである。人々が安哲秀に求め
たものは，リーダーシップのある権力者，あるいは巨人政治家として
の姿ではない。個人，経済，安全などの個人的イシューを重要視する
市民感情を反映するリーダーとしての姿である。

　安哲秀現象は韓国の政党政治の変化を実感させる。近代の政党は，
市民社会の利益を政策に反映させる中間媒体としての役割を果たして
きた。政党は市民社会のさまざまな集団と個人が表出する要求を代替
物としての政策の形で集約してきたが，SNSの発達とともに，政党を
迂回した政治参加の形態が増加している。政党を基盤として業績を積
みながら有力政治家として登場したこれまでとは違い，政党の基盤が
ない個人が韓国政治の領域で影響力ある人物として浮上する現象は，
韓国政治の未来について考えさせられる。こうした現象は政党政治の
失敗を意味するのだろうか。それとも市民社会の成長，もしくは新た
な政治的変化を意味するのだろうか。

　パク・ウォンスン市長の当選と安哲秀に対する支持を，市民社会，
市民勢力の勝利と等号で結ぶのは無理がある。安哲秀現象における安
哲秀教授の存在を市民政治勢力の代表として見ることも難しい。安哲
秀シンドロームは徹底して人物中心のものだった。安哲秀のイメージ
はメディアを通じて積極的に消費され，人々の期待を満たし，新たな
選択肢として登場したからこそ人々の関心を集めたのである。

# 第6章

## 世代間対立の政治

韓国の若年世代は自らを88万ウォン世代[a]と規定したり,「土のスプーン論[b]」を展開したりしたことにも見られるように自虐的である。一方,親世代は若年世代を貧困の経験もなく,経済的豊かさを享受した世代であると考えている[18]。鈍化した経済成長の中で,韓国の若年世代は非正規採用などの雇用問題を最も重要な社会的対立と認識している。若年世代の不安と階級格差の認識から生じる社会に対する苦悩や不満は,彼らの自己表現の中に表れている。若者の心を癒やす「ヒーリング」という言葉が流行し,「ノオカ(若年世代は努力をすべきだという中高年世代の論調を揶揄する言葉)」と「イセンマン(現世の人生はしくじった)」のような新造語が生まれた。そこには若年世代の怒りと挫折感が持続的に表れている。

　若年世代はこれまで,中高年世代に比べ政治問題について無関心で冷笑的だという評価を受けてきた。しかし,実際には政治参加の形態が変化しただけである。SNS上で政治家に接触し,投票証明写真を遊び感覚で投稿し,抗議活動やデモを自由に行う若い世代の特徴については,参加より関与 engagement,自己実現的市民 actualizing citizen という表現を用いるのが適切であろう[19]。

　2010年初頭から,若年世代の在り方に対する中高年世代側の理解が,彼らに対する「ヒーリング」メッセージとして表れるようになった。そうした論調の代表走者だった安哲秀教授が,若年世代の支持を基盤として政界に進出した。世代感情とその表出が政治家の支持基盤

---

a　1970年代後半〜80年代中盤に生まれ,平均給与額が88万ウォンと言われる世代。
b　金のスプーンをくわえて生まれてくるような裕福な家庭に生まれるか,土のスプーンをくわえて生まれてくるような貧しい家庭に生まれるかで,その後の人生がすべて決まってしまうという考え方。

第6章　世代間対立の政治

をつくり，政治化され得ることを示す事例となったと言える。若い世代との意思疎通を強調した市民社会の有力者と有名人は，SNSを通して韓国政治全般に多様な影響を与え，政治に関する重要事項の決定に参加しようとした。世代感情という問題が，韓国の政治過程に影響を及ぼす問題になったのである。

　進歩と保守，すなわち政治イデオロギーにおける左右のスペクトルを用いた分類で，若年世代のみに見られる特徴は存在するのだろうか。現代の青年の関心事は，以前のような民主化，平等，権力のような理念に関するものではないかもしれない。現代の若年世代は公的なイシューより，個人的な日常のイシューに関心を見せており，個人の利益に関連する意見を多様なツールを通じて表している。

　SNS空間でのコミュニケーションは，個人が表出した感情が集まることで，集団としての世論や議論が形成される過程そのものである。このような過程においては，少数者の権利，ジェンダーの差異といった進歩派イデオロギーに関わるものも見られるが，意見の交換は，イシューの内容に関係なくなされている。現代の若年世代は進歩派イデオロギーが伝統的に掲げる平等，経済的格差の構造に関わる批判などより，個人の能力に対する保証，個人の行為を制約しない自由，自由主義的経済を，また特定政党の支持より脱政党政治的な傾向などの特徴を重要視しているように見える。


## 若年世代の感情の分裂

　若年世代は多様なメディアツールで，その世代だけが感じる挫折や

| 図6-1 | 大人世代と若年世代間の対立，距離感がどれくらい大きいと思いますか？ |

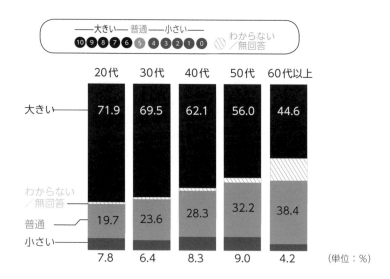

■出典：アサン政策研究院（2013.7）．「社会対立の要因と評価：世代対立」

怒り，葛藤に関わる感情を表現してきた。しかし世代間の共感を中心とした議論も，結局はそれが社会構造に何も変化をもたらすことができなかったという無気力感を生み，「N放世代[a]」のような新造語が作り出された。2013年に行われた世代間対立の要因調査によると，20代の71.9％，30代の69.5％など，ほとんどの若い世代が，中高年世代との心理的距離感が大きいと認識していることが明らかになった。そ

---

a 本来，恋愛，結婚，出産を放棄した世代を指す「3放世代」という言葉が生まれ，その後「5放世代」「7放世代」という言葉が登場し，ついにはすべてを放棄した世代を指す「N放世代」という言葉まで作られた。

第6章　世代間対立の政治

の反対に，年齢が上がるほど，こうした対立を深刻に認識していない
という結果も得られた。

　2015年に若年世代を中心として登場した新造語である「ヘル朝鮮」
は，韓国での生活は地獄hellのようだという意味の言葉であり，若年
世代の間で頻繁に使われるようになった。青年は就職と結婚，住居に
関して深刻な悩みを抱え，それらに対する喪失感が彼らに韓国を「地
獄」と表現させたのである。ダウムソフトでブログとTwitterを分析
した結果，「ヘル朝鮮」という単語への言及量は2014年の5277件から
2015年には10万1700件に跳ね上がっている。ツール別に見ると，
Twitterで言及された割合が約98％を占めた。「ヘル朝鮮」という単
語と人物関連語を分析すると，国民，青年，学生という単語が見られ，
生活関連語としては，結婚，就職，恋愛などの単語が見られた[20]。
「ヘル朝鮮」という単語と関連した感情用語は「つらい」「苦しい」「苦
痛だ」「絶望する」など絶望感を表す表現と，「いやだ」「腹立たしい」「嫌
いだ」「不満だ」など怒りと関連した感情を表す表現に分類された[21]。
「ヘル朝鮮」という単語に言及することになった原因については，頻
度順に社会構造上の不合理，政治不信，学習および労働時間過多，市
民意識の欠如などの日常における不条理，就職難，安全への脅威など
に関するものが確認された。例えば「コンビニエンスストアで交通
カードのチャージサービス中止」というイシューが若年世代の間で話
題になっているが，これに関しては「バスが来そうだと言って先に会
計中の客を追いやりチャージを要求したり，バスを逃したと言っては
暴力を振るわれることがあり，バイトの学生がすぐに辞めてしまう」
という内容のツイートがリツイートされている。コンビニエンススト
アのような大多数の一般市民がたびたび利用する場所で，他人に被害

121

図6-2 「ヘル朝鮮」言及量の推移

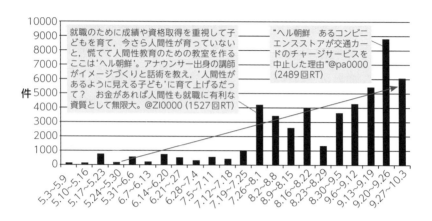

■出典：http://www.goldenplanet.co.kr/wp/?p=3119（掲載日：2015.10.29）.

図6-3 「ヘル朝鮮」についての感情─絶望感を表す表現

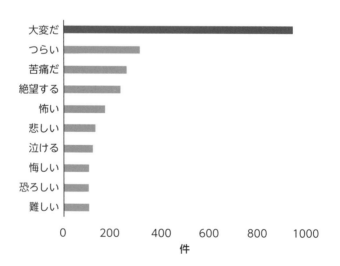

■出典：http://www.goldenplanet.co.kr/wp/?p=3119（掲載日：2015.10.29）

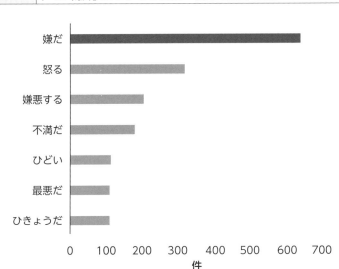

図6-4 「ヘル朝鮮」についての感情—怒りを表す表現

■出典：http://www.goldenplanet.co.kr/wp/?p=3119（掲載日：2015.10.29）

を及ぼしながら利己的な行動を取る市民意識の低さに対し，ネットで非難が集中し，「ヘル朝鮮」レベルの話だとして自嘲的に語られる文脈でこの単語は言及されている[22]。

　SNSやインターネットコミュニティー，放送メディアでは，若い世代が韓国社会を表現するコンテンツが生産，拡散されている。オンライン上のネットワークは若い世代が感じている感情表現に共感し，それを拡散，凝集する触媒としての役割を担っている。「世代感情」は，社会文化的な議論にとどまらず，政治参加の場もつくり出す。政治家は庶民が親しみやすいイメージを掲げ，本人の経歴や個人的な背景が「土のスプーン」をくわえて生まれた，貧しい庶民のそれであるかの

ように振る舞うことがある。一般大衆の情緒に合わせて自己を位置づけ，支持を確保しようという意図からの行為である。

　若年世代の憤りの感情はさまざまな形で表出されるが，例えばその中には地下鉄や公共交通機関では，利用者が優先席に気を使うべきであるという生活イシューも登場している。SNSを通じて，優先席で妊婦や老人，体の不自由な人が十分に配慮されていない状況についてオンラインで中継し，市民意識の低さを非難する内容のバズが多数生み出されている。このように日常のささいな一場面のように見える，地下鉄の優先席問題や騒音，割り込みなど，公共秩序を守ることと関連した問題がSNSで頻繁に話題となり，批判対象となった人々を嫌悪したり否定したりする表現が投稿されている。

　オボイ連盟など，高齢世代の保守団体に対する反感も幅広く現れている。保守団体の激しいデモ行為をオンラインで中継，戯画化したり，論争のテーマとして取り上げることもある。そのような日常的な否定的感情が蓄積した結果，選挙のような政治イベントの際には，高齢世代の保守性のせいで若年世代の意見が反映されにくいのだという主張も現れる。韓国政治の構図において，高齢世代の政治的影響力を問題要素として捉える言説も多く，年金問題や福祉関連のイシューに関する世代間の意見の違いもまた，インターネット上にくっきりと表れている。

　インターネットコミュニティーでは，若年世代が抱く社会に対する敗北感と自嘲の感情が高齢層と衝突し，世代間の対立を生むケースが多く見られる。「ヌルグニ」「コンデ」[a]など高齢世代を否定的に指し示

---

a　いずれも「老人」を指す。蔑称として使われる。

第6章　世代間対立の政治

すキーワードも多く，高齢世代との対立感情を助長する雰囲気が醸成
される新たな風潮も見られる。

　韓国では急速な経済発展を経験する過程で，世代間の経験の差から
くる摩擦が増幅する現象が見られ，それが世代間の軋轢につながりも
している[23]。近年では経済構造の変化の中で，世代間の機会格差が顕
著になっていることも，世代間の対立と密接に関係している。急激な
経済発展の恩恵が全世代には行き渡らず，若年世代の機会が制限され
ているという無力感が世代間の対立を生んでいる。

　若年世代が直面している問題と世代間対立に関して，政治の領域で
は，住居政策，大学授業料対策，結婚および保育問題に関わる政策が
打ち出されている。しかし世代間の対立の核心は必ずしも経済的問題
にあるわけではない。経済的問題は全世代にわたる問題であり，若い
世代のみに限定された問題ではないためである。2030世代[a]は未来に
対する否定的な認識を持ちながらも，SNS上で共感できるイシューに
は関わりを持つ世代である。彼らはSNS空間で自分たちの関心を表
現し，自由に意思疎通し，気軽に政治参加を試みる。彼らが注目する
ものは社会構造上の不合理であり，彼らが提起する問題は構造上の限
界のために富の分配が不平等に行われているという根源的な不満意識
から発生したものである。「ノオカ，土のスプーン，金のスプーン」
のような新造語は，若年世代が富の不平等分配問題に敏感で，社会的・
経済的な階層を変えることが難しい構造に対して，挫折感を抱いてい
ることを示している。

---

a　20〜30歳代の世代で，経済的に恵まれ，慣習や固定観念に縛られることなく自由で合理的，
　進歩的な行動を好む傾向にあり，人生の質と自己実現に対する関心が高いといわれる。

図6-5 「ヘル朝鮮」言及の原因

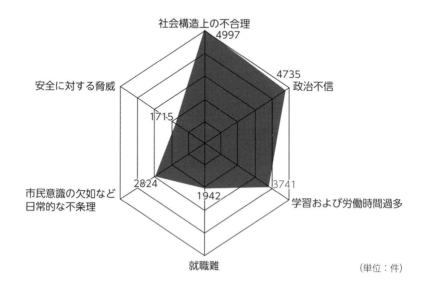

■出典：http://www.goldenplanet.co.kr/wp/?p=3119（掲載日：2015.10.29）

　若年世代の問題意識が向かう非難の矛先は，政治不信と関連がある。SNSで形成される政治家と政府に対する非難は，中高年世代に対する批判へとつながっている。ある調査によると，中高年世代に対する否定的な感情は前年に比べ69％増加し，主な否定キーワードは「コンデ」「貪欲」「暴力」「苦痛」「無能」「嘆き」「不正」「不法」「非常識」「二重性」だった[24]。両極化する市場に対する政策，若年層の就職問題などについて適切な対応策を講じなければ，若年世代の挫折感と不安はさらに増幅することになるだろう。

# 第7章

# 日常の政治化

SNS空間では既成の枠組みにとらわれない政治参加が次第に増加している。オンライン空間は個人が直接自己の利益を表現し，自己の利益と一致する見解に合わせて世論をつくりやすい構造にある。長年にわたり韓国社会を支配してきたイデオロギーに関する論議は，いまや生活政治への関心にその場を譲りつつある。個人個人が特定のイシューに関する見解を投稿していく中で，日常生活に関わるイシューが政治的問題へと移行することもある。有権者たちが個人的問題を掘り下げていった結果，日常的なイベントや事件が政治的問題となり，政党・グループ間での対立を呼ぶケースも見られる。

## イデオロギー的消費論争：
## 日常的イシューの政策化

　2010年9月に起こったEマート[a]のピザ販売に関する論争は，日常生活の話題がSNSを通して，どのように社会問題化するのかを示す事例である。Eマートのピザは一般的なピザ専門店のものより大きく，価格はピザ専門店のものの半額ほどである。Eマートは販売店舗を拡大し，メニューを多様化する計画を進めていたが，あるTwitter利用者がEマートの親会社である新世界グループのチョン・ヨンジン副会長に向け，Eマートのピザ販売を非難するメンション[b]を送ることになった。これに対してチョン・ヨンジン副会長が「経済面重視で消費

---

a　（株）新世界が1993年に設立した韓国初のディスカウントストア。
b　Twitterの投稿の方法の一つ。あるTwitterIDへのコメントが，広くフォロワーに読まれる。

第7章 日常の政治化

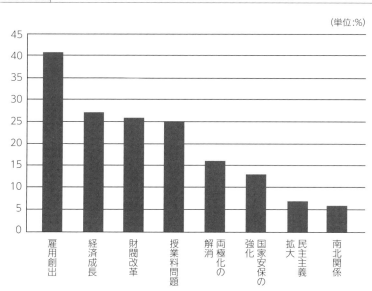

図7-1 第19代総選挙における有権者のイシュー調査

(単位:%)

雇用創出 / 経済成長 / 財閥改革 / 授業料問題 / 両極化の解消 / 国家安保の強化 / 民主主義拡大 / 南北関係

■出典：チャン・スンジン (2012), p.66より著者作成

を行うか理念重視で消費を行うかは，消費者の選択だ」と反論したことで，論争が拡大した。これがいわゆる「イデオロギー的消費論争」の始まりである。

その後，同年9月26日，ソウル大学チョ・グク教授がEマートのピザ販売を非難するコラムを新聞に寄稿し，これに対して28日，経営研究所所長のコン・ビョンホがチョ・グク教授を非難する文を掲載したことで，オンライン・オフライン双方の論争はさらに拡大した。この時期における「イデオロギー的消費論争」と関連したツイートを収集，分析した結果[25]，合計2660件のツイートがあり，それらのツイートをしたユニークアカウントは1991に及び，イデオロギー的消費論

129

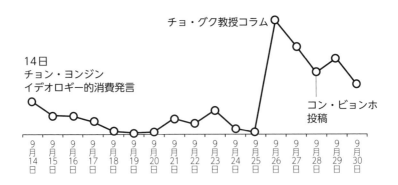

図7-2 イデオロギー的消費に関するツイート数の変化

■出典：チャン・ドクチン／キム・ギフン (2011), p.74.

争がTwitterで高い関心を集めていたことがわかる。

　2010年，ウィキツリー[a]が選定した「Twitter話題の10人」には，イデオロギー的消費論争の当事者だったチョン・ヨンジン副会長とIT企業ナウコムのムン・ヨンシク代表が選出されている[b]。ロッテマートの「丸ごとチキン」についても，零細企業の保護問題と，消費者の選択する権利に関する論争が巻き起こった。当時の大統領秘書室政務主席秘書官チョ・ジンソクはTwitterに「零細チキン販売店が痛手を被っている」という発言を投稿し，大企業は市場原理を理由に，地域の商店をつぶしてはならないと主張した。Eマートはピザ販売を継続した

---

a 韓国のSNSニュースチャンネル。
b 原著では，図7-3「Twitterのイデオロギー的消費に関する議論」としてウィキツリーの，チョン・ヨンジン副会長とムン・ヨンシク代表の画面キャプチャーが掲載されていましたが，許諾が取れず収録できませんでした。

が，ロッテマートは世論の悪化を懸念し，1週間で「丸ごとチキン」の販売を中止した。これは李明博政権が「親庶民政策」を掲げ，「公正」というテーマを強調している時期のことだった。

　Eマートやロッテマートのような大企業が地域の商店の権利を侵害しているか否かという論争は，「企業型スーパー」SSM[a]の運営に関する論争に転化された。2012年1月には，大型スーパー営業規制の内容を盛り込んだ流通産業発展法改正案が公表された。これにより，大型スーパーの義務休業日が指定され，このルールは現在も適用されている。当時における，大型スーパーのピザやチキンは安くて味も良いという評価は，消費者から好評を得ていることを意味していた。それにもかかわらずTwitterで論争が拡大するとともに対立構造が形成され，政府や政界がこうしたイシューの動きに同調し，対策を講じるレベルにまで論争は発展したのである。

　SNSで人々が日常的に購入する食品に対し意見を述べ，該当企業と直接意見を交換し，それが社会的に意義のある議題として扱われることは，SNSを通じて変化した市民の政治参加の在り方を示している。SNSを利用することで，市民が日常生活で接している問題がアジェンダに設定され，政治領域に直接反映される可能性が高まっている。特定のイシューが社会的な関心を集めるようになると世論を圧倒する状況が生まれ，こうした一種の相転移 phase transition により制御が困難な状態となり，異なる領域の問題に移行してゆくのである。

---

a　チェーンストアの形態で店舗を展開する大型スーパー。

# 大学授業料半額論争：
## ブログとTwitterにおけるイシューの相違点

　SNSが提供するデータの分析を用いると，一つの社会におけるアジェンダが形成される過程とその議論の内容が読みとれる。その中でも2011年，政府と与野党，市民団体で激しく対立した大学授業料半額論争は，興味深い事例である[26]。

　大学授業料半額論争は，授業料引き下げ問題について，本来の授業料を半額に引き下げる，授業料のうち半分を奨学金で支援する，あるいは低所得者層を中心に授業料を段階的に支援することにより，全体の授業料負担を平均して半分に減らすなどの内容が議論されたイシューである。物価上昇と学校外における教育費負担増などによる経済的問題，大学教育の拡充，政府・与党と野党間の見解の違いによる政治面での対立など，韓国社会を取り巻く多様な問題が絡んだ包括的なイシューだった。

　当時の大統領李明博は既に選挙公約として授業料半額政策を提示していたが，2011年5月22日，与党ハンナラ党のファン・ウヨ院内代表が授業料半額政策の推進を公言したことで論争が勃発した。ファン・ウヨ院内代表は，大学授業料を最低限半額にまで引き下げるべきだとし，学生，父兄，大学などと直接接触し，授業料の負担を大幅に引き下げる方法を模索した上で，授業料半額政策に対する最終決断を下すと述べたのである[27]。ファン・ウヨ院内代表の発言に，政府・与党は当惑の色を見せ，授業料引き下げに充てる財源が十分ではないことを指摘した。

132

授業料半額政策に賛成する陣営では，李明博政権は授業料半額政策の公約を守っていないと主張した。授業料半額政策を巡り与野党と政府の間で政策に関する論争が続く中，授業料支援の方法が大きな争点として浮上した。授業料半額政策に関する論争が拡大する中，ハンナラ党は半額支援対象を「平均成績Ｂ以上」に限って推進する案を打ち出すものの，この案は野党はもちろん，大学生，父兄からも激しい批判を受けることになった。ソン・ハッキュ民主党代表は，授業料半額政策は2007年大統領選挙の際にハンナラ党が公約として掲げたものであると述べ，授業料を「成績により制限を設ける奨学金」，あるいは寄付金に関わる問題として認識するのは間違いだと批判した[28]。民主党は「次上位階層」[a]への奨学金の復活と就職後の学資金返済利子率の引き下げを主張し，追加予算は政府が捻出すべきだと主張した。

授業料半額制度に関する論争は，SNSを主なメディアとして活発に展開された。SNSは授業料に関するイシューを社会問題に転換し，利害当事者を結集させ，社会的関心を可視化することに貢献した。授業料闘争を支持する公式アカウントがTwitter，Facebookなどを中心に開設され，関連情報が拡散された。デモの司会をしたり，一人デモをしたりする芸能人が現れ，一部の歌手がミニコンサートを開くなど，芸能人の集会参加に関する情報もSNS上に登場し，一般市民の参加をさらに促した。授業料半額運動を支持する発言がオンライン上に投稿されることにより，オフラインのマスコミ報道との相互作用で社会的な関心が引き出される一助となった。

---

a 収入，固定資産の面から生活保護費などの受給対象からは除外されているが，明らかに貧困の状況にある「潜在貧困層」。

2011年5月末になると，全国から集まった大学生がソウル市内の至る所で授業料半額を求める集会やデモ行進を行った。2011年5月29日，光化門広場で「授業料半額」公約の履行と青年失業問題の解決を求めるデモを行った嫌疑で，大学生73人が警察に連行されたが，これはむしろ，大学生のより大きな関心を集めるきっかけとなった。大学生は無許可の奇襲デモを行うなど，多様な形態で集会を行った。2011年6月3日には光化門で700人余りがデモに参加するなど，規模が本格的に拡大し，6月10日には光化門清渓広場で大規模なろうそく集会が開かれた。

　また，インターネット利用者はブログやTwitterを用いて授業料半額政策に関する情報を集め，世論を形成した。データマイニングにより授業料に関するイシューの共起ネットワークを抽出し，オンラインバズ分析を行った結果，ブログとTwitterで授業料半額イシューと関連し，どのような議論が生じたかを把握することができた。

　図7—4は授業料半額に関するイシューが登場した2011年5月16日から，言及が継続，そして消滅した同年7月31日までのブログとTwitter上の文章をすべて検索した結果を表している。

　ネイバーブログとTwitterに投稿された授業料半額に関する文章について調査した結果，Twitterの割合が全体の92.84％を占めた。これはブログもTwitterも共にウェブ接続が必要であるが，Twitterはモバイル端末を利用できるという点で接続が容易であり，ブログに比べ短文を投稿しやすい特性があるためであると考えられる。Twitterの国内利用者数は当時400万人を超えており，政治的，社会的イシューが浮上したこの時期にTwitterの影響力は急増する勢いを見せていた。Twitterの自由度の高さと瞬発力が，政治的イシューの活発な情

第 7 章　日常の政治化

図7-4　ブログとTwitterにおける授業料半額制度の言及量

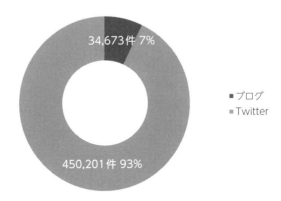

■出典：チョ・ファスン／キム・ジョンヨン (2012). p.108.

図7-5　ブログ言及量推移

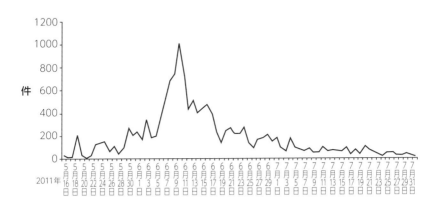

■出典：チョ・ファスン／キム・ジョンヨン (2012). p.109 より著者作成

135

### 図7－6　Twitter言及量推移

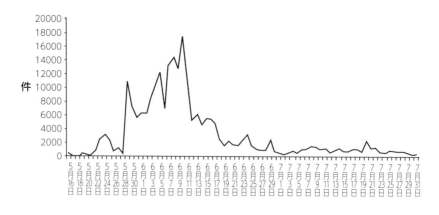

■出典：チョ・ファスン／キム・ジョンヨン (2012). p.110より著者作成

報拡散を可能にしたのである。

　また，ブログとTwitterの言及量の推移を比較するため，まずブログにおける授業料半額制度に関する言及を検索してみると，授業料半額を要求する大規模ろうそく集会があった6月10日に記事が最も多く，6月13日，6月16日にも多数の記事が投稿されている。つまり集会前より集会後に多くの記事が作成されていたことになる。

　反面，Twitterでは図7－6のように，2011年6月10日に言及量が最大になり，次いで6月8日，6月5日にも多数の記事が作成されたことがわかる。つまり6月10日の大規模ろうそく集会前のツイート量が大部分を占めている。6月5日にはソウル光化門KT社屋前でろうそくデモが行われ，「本を読むデモ」のパフォーマンスにタレントのキム・ジェドンが自身の著書100冊を寄付し，闘争を支援したことが話

第7章　日常の政治化

| 表7−1 | | ブログ，Twitterで言及された授業料半額イシューの関連語 | | | | | |
|---|---|---|---|---|---|---|---|
| 関連語 | ブログ | 議員 | 就職 | 学費 | ソウル | 代表 | 国会 |
| | | 民主党 | ローン | 政府 | 奨学金 | 政治 | 教授 |
| | Twitter | キム・ジェドン | 光化門 | 公約 | 現場 | 市民 | 主人公 |
| | | 税金 | 情報 | 警察 | ろうそく集会 | ニュース | 高額だ |

■出典：チョ・ファスン／キム・ジョンヨン (2012). p.111.

題となっている。6月8日にもツイートが増加する傾向が確認されているが，これは光化門清渓広場で集会を開いていた韓国大学生連合の学生たちが，キム・ジェドンからの寄付金でハンバーガーを警官に配布したことにより発生した，いわゆる「キム・ジェドン ハンバーガー事件」によるものである。キム・ジェドンは，集会に参加した大学生とそこで警護に当たる警官のために使ってほしいと，韓国大学生連合側に500万ウォンの寄付をしたのである。この事件は社会的波紋を呼び，結局，キム・ジェドンがTwitterを通じて謝罪することで落着している。

　積極的なTwitter利用者の中には，授業料に対する自己の見解をリアルタイムで表明したり，意見を交換したりするためにTwitterを利用した人もいた。特に，これまでのブログやオンラインコミュニティーを通じた意見交換とは異なり，有名人との接触が容易になるにつれ，こういった人々がTwitterに意見を投稿し，それにより行動の展開が加速化される現象も見られた。例えば2011年の大規模ろうそ

137

**図7-7** 授業料半額制度に関する肯定的・否定的関連語の推移

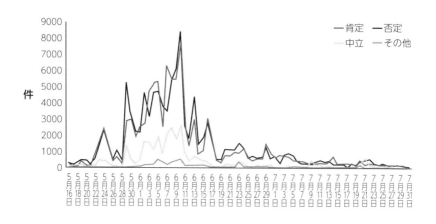

■出典：ソーシャルメトリクス（SOCIALmetricsTM，ダウムソフト社のソーシャルメディア分析サービス）

く集会前には，集会への参加を呼びかけるツイートが急速に拡散された。また，芸能人のツイートも短時間のうちに多数のフォロワーにより拡散され，集会終了まで参加の呼びかけが続けられた。

　**表7－1**は授業料に関するイシューで言及された関連語を抽出したものである。授業料半額制度が話題になった時期にブログで用いられた関連語では，ハンナラ党，国会，民主党，李明博など，具体的な政策に関わる当事者を示す語が多く見られる。他方，Twitterでは世論に影響を及ぼす人物としてイシュー化されたキム・ジェドンや，光化門，ろうそく集会など具体的な場所や活動を表す語が見られている。警察という語も頻出するが，ろうそく集会当時，集会に参加した大学生を警察が連行し，これを非難する世論が形成されたことから推測すると，Twitterでは，その時々に論じられている言葉が何かがリアル

タイムで浮き彫りになっているように見える。

　授業料半額制度に関する肯定的表現，否定的表現の推移を見てみると，ろうそく集会が行われた日には否定的な表現が多数用いられたことがわかる。その例として「壮絶だ」「申し訳ない」「高額だ」「つらい」「大変だ」などの言葉が確認される。

　利用者は状況に合わせてメディアを利用しており，これによりSNSの持つメッセージのリアルタイム伝達能力，また伝達の結果としての動力力の存在が一部で確認された。20代だけの問題だと考えられていた問題が，オンライン上で一般化され，政治的に議論が交わされ，メディアはそれぞれの特性を反映させながらメッセージを拡散した。授業料半額制度に関するイシューは，大学生の問題だった日常生活イシューが，全世代にとっての関心事となり，ついには政治問題化した代表的な事例である。


# セウォル号惨事の政治化

　2014年4月16日，珍島郡屏風島付近の海上で，修学旅行に向かった檀園高2年の生徒を含む476人を乗せた客船，セウォル号が沈没したというニュースが報道された。第一報では全員救出されたという速報が流れ，多くの視聴者が安堵に胸をなで下ろしたが，その直後，救助の知らせが誤報だったということが明らかになり，韓国社会はセウォル号沈没事故以外のことは口に出すことも，考えることもできない状態に陥った。

| 図7-8 | セウォル号沈没事故の原因 |

中古船舶の輸入＋無理な改造
過積載
バラスト水不足
搭載燃料の削減
船員の倫理

■出典：著者作成

　人々は多くの命を奪った聖水大橋崩壊事故[a]や三豊デパート崩壊事故[b]，大邱地下鉄放火事件[c]などの惨事を思い起こした。当時の苦しみと悲しみが心に残っていただけに，誰もが胸を痛めながら，全員が無事に救助されることを祈った。しかしテレビのニュースを通じて報道された救助作業は，誰の目にも進展が遅く，消極的なものであり，関連部署は混乱を極めていた。結局，多くの生命が犠牲となり，韓国史上最悪の大惨事の一つに名を連ねることになった。

　人々がセウォル号沈没事故に激怒したのは，その惨事が，事故への警戒心があったなら十分に防ぐことができた人災だったためである。その原因は大きく五つの要因に要約される。まず船の出発時点から問題があった。事件前日の4月15日は夕方から霧が立ち込め，多くの船舶が出航を取りやめていた。しかしセウォル号は，本来の出航時刻よ

---
a　1994年，漢江に架かる聖水大橋が崩壊し32人が死亡，17人が負傷した事故。
b　1995年，営業時間中の店舗が崩壊し502人が死亡，937人が負傷，6人が行方不明となった事故。
c　2003年，自殺を試みた男性が地下鉄車内にガソリンをまき放火，192人が死亡，148人が負傷した事故。

第7章　日常の政治化

図7-9　セウォル号惨事以前の沿岸旅客船の事故原因

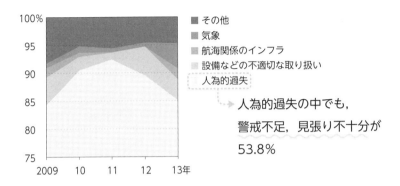

■出典：2014年 海上安全施行計画（海洋水産部（2014））より著者作成

り2時間30分遅れて強引に出航に踏み切った。さらに車両150台，貨物657トンという報告とは異なり，車両180台，貨物1157トンを積載していた。その上，乗客数さえ正確に把握していないほど，ずさんな管理体制だった。

　セウォル号は1994年に造られ，18年が経過したフェリー「なみのうえ」を中古船舶として日本から輸入し，荷物の積載量と乗客収容数を増やすために改造したものである。安い中古船舶を輸入し，強引な改造を行い，収益を上げようとした訳である。しかし，無理な改造と過積載のため，事態は取り返しがつかないものになった。それだけではなく，積載量を増やすためにバラスト水[a]の基準も満たさないまま出港し，沈没するに至ったのだ。

a　船底に積む重しとして用いる水（海水）。船体を安定させる役割を持つ。

| 図7-10 | 船舶事故の比率 |

82%
資本金10億ウォン以下の零細企業の比率（718社中592社）

52%
20年以上の老朽化した船舶の比率（2013隻中1062隻）

■出典：2014年 海上安全施行計画（海洋水産部（2014））

　セウォル号の船員の資質も問題だった。セウォル号が傾きつつあった段階での第一報が檀園高の生徒による「助けて」という電話だったという話が，これを端的に表している。セウォル号とその乗客の安全を守るべき船員の対応は未熟だっただけではなく，船を捨て真っ先に脱出するほどに職業倫理が欠如していた。数百人の生命を預かっていたセウォル号の船長の月給が200万ウォン台にすぎなかったという話も広まった。また，セウォル号の事故以前に発生した事故の報告書でも，沿岸の客船事故の中で82.6％が人為的過失により発生したことが指摘された。さらに人為的過失の中では，怠慢による事故が半数を超えるレベルにあると言われた。
　これはセウォル号を運航していた清海鎮海運だけに見られる問題ではなかった。沿岸旅客船事故に関する監査院の報告書を見ると，資本金10億ウォン以下の零細企業が所有する船舶の事故が全体の82％を

占め，彼らが所有する船舶のうち，20年以上使用している老朽船舶が半数以上を占めている。20年近く使用し老朽化した船舶を輸入し，より多くの収益を得るために強引な改造をする慣行と，沿岸旅客ビジネスが抱える人材の問題を考えれば，セウォル号の惨事は予見された人災と見るほかない。

結論として，セウォル号の事故は，沿岸旅客ビジネスが抱える構造的問題に起因した人災だった。収益が出ないほど低く設定された運賃のため，あらゆる船舶会社が法を犯しながら安全性の低い運航を行っていた。その上，安い賃金で雇われた，必要な資質を満たさない船員たちにより運航されたために危険は倍増し，危機的状況の発生に対して，まともな対応を期待することは最初からできなかった。さらに海洋警察の未熟な初動対処と手際の悪い政府の対応が人命被害を拡大させた。

また，政治的には見えなかったセウォル号沈没事故が政治的イシューに発展するまでの過程においては，マスコミ報道の在り方が大きな役割を果たした。マスコミはセウォル号惨事が発生してから，ほぼ3カ月間，セウォル号を主要なトピックとして扱った。その間，マスコミは本質的な問題に注目せず，再発防止や安全に対する議論ではなく，視聴率上昇のための興味本位な報道に終始した。

セウォル号関連のマスコミ報道では，大きく二つのパターンが現れた。一つ目は，報道の中心を成した競馬式報道 horse race journalism である。セウォル号に関する報道で視聴率競争を繰り広げていた放送局は，画面の右角に生存者と救助者，死亡者の数を，まるで選挙の開票放送のように表示した。視聴者は自ら進んで，またはメディアの意図に乗せられ，セウォル号の事故を一つのショーであるかのように視

### 図7-13　セウォル号沈没事故に関するメディア報道の推移

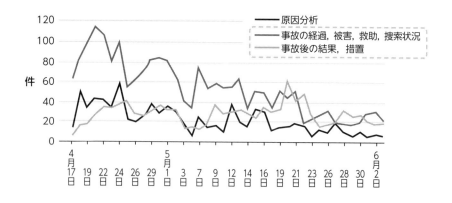

■出典：韓国言論振興財団（2014）．p.28.

聴した[a]。

　そして事故そのものに対する視聴者の関心が低下し始めると，放送局はさらに刺激的な事故周辺のトピックに集中し始めた。代表的な例である，清海鎮海運の実質的オーナーであるユ・ビョンオン一家に対するゴシップ[b]は，飢えた民衆 Feeding Frenzies におあつらえ向きの餌として作用した。ユ・ビョンオンがサメで作った健康補助剤，スクワランを飲み，ユ・デギュン[c]がか細い声でチキンを注文し，フライドチキンよりヤンニョムチキンが好きだという噂を特ダネとして報道

---

a　原著では図7-11に「セウォル号惨事競馬式ジャーナリズム」としてテレビ局YTNによるニュース速報のキャプチャー画面が収録されていましたが，権利処理できず収録できませんでした。
b　原著では図7-12に「セウォル号惨事関連ゴシップ報道」として各テレビ局のニュース画面のキャプチャー画面が収録されていましたが，権利処理できず収録できませんでした。
c　ユ・ビョンオンの長男。

第7章 日常の政治化

図7-14 セウォル号沈没事故のメディアフレーム

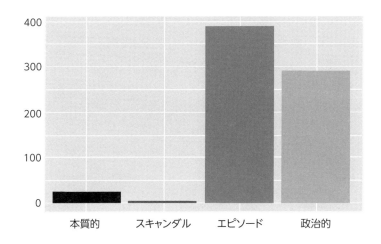

■出典：著者作成

するマスコミのやり方は，人々の冷笑と好奇心を同時に誘った。これによりセウォル号の惨事に関するニュースに群がる人々は，事故の本質を忘れたまま，本質以外のトピックに集中することになった。

　セウォル号の事故が初めて報道された2014年4月17日から同年12月31日までの主要日刊紙に掲載された記事，1万1467件を分析した結果には，こうしたマスコミ報道の在り方がはっきりと表れている。「セウォル号」というキーワードでヒットする記事で用いられた語について，安全と事故の原因を扱った「本質的イシュー」，周辺のトピックを扱った「スキャンダル的イシュー」，救助作業やその進行状況に関する断片的な内容を扱った「エピソード的イシュー」，セウォル号を取り巻く政治的攻防を扱った「政治的イシュー」に分け，その数を比較した。その結果，本質的な記事はほとんど見られず，エピソード

図7-15 セウォル号沈没事故関連記事における「政治」の順位の変化

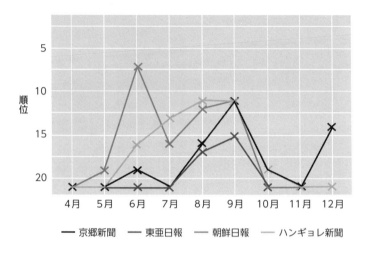

■出典：著者作成

的イシューと政治的イシューが主を成していたことがわかった。

特に誰もがセモグループのユ・デギュン会長の姿を追った7～8月ごろには，ユ・ビョンオン親子に対する話題がメディアを埋め尽くした。セウォル号の事故の本質とはまったく関係のない内容であったにもかかわらず，多くの視聴者に「売れる」話題であった。セウォル号災難ショーに続き，もう一つの「追跡ショー」が展開されたのだ。ユ親子に対するキーワードの中心性（議論の中心となったテーマ）の順位が急上昇したことが，それを物語っている。ただし分析対象のデータが新聞に限定されているため，こうしたユ・ビョンオン親子と関連した話題の支配状況が過小評価されているという解釈もできる。ユ・ビョンオンに関する話題は放送分野において，より多く見られたから

第 7 章　日常の政治化

### 図7-16　セウォル号沈没事故関連記事における「大統領」の順位の変化

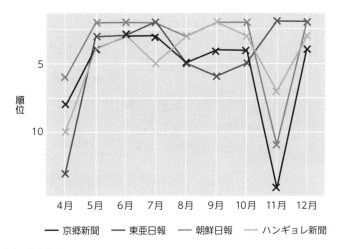

■出典：著者作成

### 図7-17　セウォル号沈没事故関連記事における「安全」の順位の変化

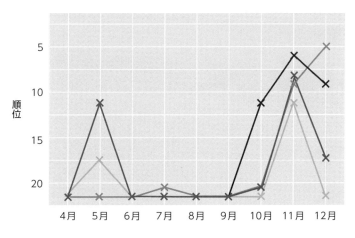

■出典：著者作成

### 図7-18 セウォル号沈没事故以降の世論の時系列変化

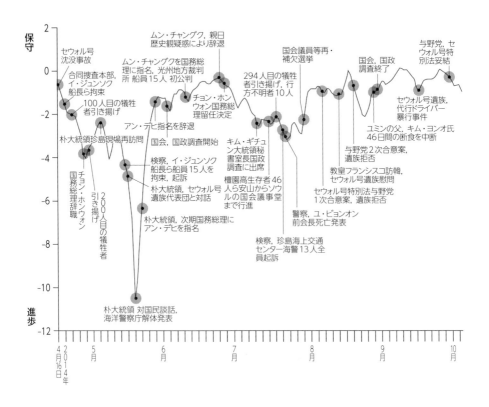

■出典：パク・チョンヒ（2016）．p.254．より著者作成

第7章 日常の政治化

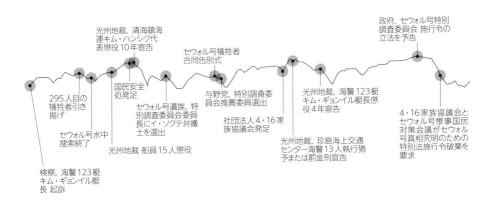

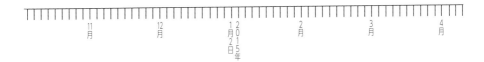

149

である。

　セウォル号関連のニュース報道において，エピソード的イシューの他に見られたもう一つの特徴は，セウォル号事故の政治化である。セウォル号の事故自体はあくまでも事故であり，政治的な事案ではなかったにもかかわらず，マスコミ報道では「政治」と「大統領」という語が常に高い中心性を見せた。これは，セウォル号と関連したマスコミ報道が問題の本質から逸脱し，政治的対立に飛び火した当時の状況をよく表している。

　一方，「安全」のような語は事件発生後6カ月間，政治やユ親子に関する話題など副次的なイシューに押され，中心的に扱われることがなかった[29]。すなわちマスコミは，セウォル号沈没の原因を究明し再発を防ぐための報道より，「政治的対立」という「売れる」テーマを中心に扱ったのである。

　ソウル大学政治外交学部パク・チョンヒ教授の研究チームによる分析でも同様の結果が得られている[30]。セウォル号と関連し，セヌリ党と新政治民主連合が作成した報道資料を分析し，該当政党のみが使用する2文節，または3文節の表現を洗い出し，それらを政治的偏向度 slant index の基準として分析したものである。

　事故直後の1カ月間（4月16日から5月19日）は，ほぼすべてのマスコミ報道に政府を強く批判する表現が含まれていた。セウォル号の惨事以降1年間，野党である新政治民主連合に特有の語がセヌリ党に特有の語より頻繁にマスコミに現れたことが確認されている。その理由は大きく二つ考えることができる。まず新政治民主連合が世論に基づく攻撃的な姿勢で政府と与党を批判し，それがマスコミ報道に影響を及ぼしたことである。もう一つは，セウォル号の惨事そのものが与

党と政府に非常に不利な事案だったことである。すなわち野党陣営の修辞rhetoricが，政府の無責任さと無能さに対する批判的なマスコミ報道の枠組みに大きく影響したわけである。

　結論として，セウォル号の事故に関するマスコミ報道の論調は，進歩と保守のイデオロギー構造をそのまま踏襲する様相を呈していたことが確認される。セウォル号の事故から1年間，韓国メディアの報道の方向性は，事故が韓国社会に投じた厳しい問いに答え，それに対する社会的合意の形成を試みる方向にではなく，事故を取り巻く政治的対立を助長し，中継する方向に近かったと考えられる。


# MERS騒動[a]：サムスン病院 対 大統領責任論

　MERS（中東呼吸器症候群）騒動もまた，日常の政治化を示すよい事例である。MERSの初感染者発生以降，2カ月間に投稿された1万1467件の記事と，そこに書き込まれたコメント21万3901件を分析した結果，「政府無能論」が進歩，保守などのイデオロギーの傾向にかかわらず現れていた。今回の騒動の責任が政府と大統領にあると判断する国民の意見が明確に表れたと言える。

　事態が深刻になると，関連記事のコメントは，大統領を指す「朴槿恵」という語の中心性が高くなり，これと関連し「無能」「弾劾」とい

---

a　2015年5月に1人目の感染者が確認されてから多数の死者，感染者を出し，社会的な混乱を招いた。政府は当初，入院患者らの混乱を避けることを理由に，MERS感染患者が収容されている病院を公表しなかったが，それがかえって感染を拡大させる要因になったという指摘もされている。

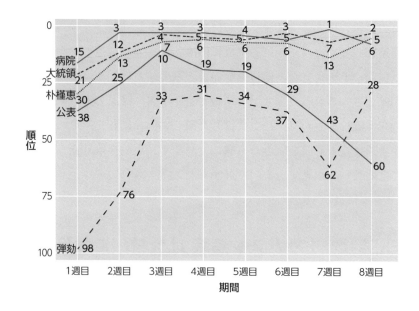

図7-19 MERS関連単語の中心性順位

■出典：ヘラルド経済（2015.7.23）より著者作成

う語の中心性も共に高まる現象が見られた。

　調査期間内におけるコメントをすべてまとめて分析すると，「MERS」（1位）の次に「政府」（2位）という語の中心性が高く，「大統領」と「朴槿恵」がコメントにおいて占める中心性はそれぞれ5位と7位だった。こうした結果は，「MERS騒動＝政府・大統領の責任」という国民の認識を物語っている。週ごとに見た場合，発生1週目にはコメントにおける「朴槿恵」（30位），「大統領」（21位）などの語の中心性は比較的低かったが，2週目から急上昇し，3週目からは，「大統領」

第7章　日常の政治化

**表7-2　MERS騒動以降に見られた記事のコメント主要単語の順位**

| | 5/20〜26 | 5/27〜6/2 | 6/3〜9 | 6/10〜16 | 6/17〜23 | 6/24〜30 | 7/1〜7 | 7/8〜14 |
|---|---|---|---|---|---|---|---|---|
| 1 | 隔離 | MERS | MERS | MERS | MERS | MERS | 病院 | 国民 |
| 2 | 疾病 | 国民 | 国民 | 国民 | 国民 | 国民 | 国民 | 大統領 |
| 3 | 家族 | 病院 | 病院 | 病院 | 人 | 大統領 | クズ | MERS |
| 4 | 感染 | わが国 | 大統領 | 人 | 病院 | 人 | 人 | 人 |
| 5 | MERS | 人 | 人 | 大統領 | 大統領 | 病院 | MERS | 朴槿恵 |
| 6 | 国 | 患者 | 患者 | 朴槿恵 | 朴槿恵 | 朴槿恵 | わが国 | 病院 |
| 7 | 人 | 国 | 朴槿恵 | 国 | 国 | 患者 | 大統領 | わが国 |
| 8 | 拡散 | セウォル | 国 | 患者 | 家族 | 国 | 医療陣 | 中国 |

■出典：ヘラルド経済（2015.7.23）より著者作成

という語が「中心性の高い語」10位圏内に絶えずランクインした。さらに「弾劾」という語の中心性も2週目から急上昇し，3週目からは40位以内にランクインすることが多かった。これは不十分な対応により，MERS騒動発生初期の「ゴールデンタイム」を逃したことと関連し，朴槿恵大統領の責任を問う動きが2〜3週目から形になったものと解釈できる。

　このように「大統領責任論」は保守，進歩の別を問わず，各陣営共通に見られたフレームワークだった。先に述べたセウォル号惨事に対する視点が各陣営の論理により多少異なったのに比べ，MERS騒動に関しては進歩と保守の双方の陣営において朴槿恵大統領に向けられた

不満があらわになっている。

　もっとも大統領責任論のフレームワークが言及される頻度について
は，保守系メディア，進歩系メディア間の差異が見られた。進歩系新
聞では保守系新聞よりも相対的に大統領責任論の構図を取り上げた記
事が多いという集計結果が得られた。しかし記事に対するコメントで
は保守系新聞・進歩系新聞共に，政府責任論が非常に強く現れたとい
う分析結果になっている。MERS騒動が頂点に達した時期の記事にお
いては保守，進歩の別にかかわらずサムスン病院責任論もかなり強く
現れている。しかしコメントでは，このサムスン病院責任論は保守系，
進歩系双方の新聞で100位圏に入ることはなかった。すなわち記事で
はサムスン病院，コメントでは大統領責任論がより強く現れたことに
なる。

　また，MERS発生初期から「病院」（期間内総合4位）と「公表」（期
間内総合16位）という単語の中心性が高く現れている。これは病院名
公表を不可とする政府の方針に強い不満を抱いた世論の意向がコメン
トに反映されたものと解釈される。また「公表」（16位）の中心性は，
MERS発生3週目に10位まで上がっている。すなわち国民は政府の判
断とは違い，迅速な病院名公表を望んだことを示しており，こうした
判断の錯誤が大統領責任論の決定的な原因となったものと思われる。

　一見，MERSとは直接的な関連がないように見える「セウォル」の
中心性は13位だった。これは，国民がMERS騒動をセウォル号惨事
同様，政府の無能な対処がもたらしたものだと解釈した結果だと思わ
れる。すなわちセウォル号惨事とMERS騒動はまったく異なるタイ
プの事案であったにもかかわらず，根底にある原因は類似していると
いう見方である。また「国」（8位），「わが国」（10位），「国家」（18位），

「韓国」（24位）などの語がコメントで占める中心性が相当に高く表れたことも，同様に解釈できる。またMERSにうまく対処した米国（15位），中国（46位）や「発展途上国」「先進国」などの単語も目立っている。

　MERS騒動もセウォル号惨事と同様に，大統領および政府責任論が主流を成し，ついには政治的事案に発展した。さらには「大統領弾劾」などに言及したコメントも多数見られる。唯一の違いは，セウォル号惨事では進歩・保守間の視点の差が大きかったが，MERS騒動に関しては，その差が極めて小さかったことである。MERS騒動に関して，マスコミ記事ではサムスン病院責任論もかなり強く提示されたが，コメントではそのような現象が相対的に弱かったということも興味深い点である。その代わりとして，コメントでは「大統領および政府責任論」が一貫して提示されていた。

# 第8章

## メディア生態系の崩壊

## 退職ジャーナリスト1人当たりネットメディア
## 企業1社

　2014年現在，韓国で登録されたメディア企業の数は1万社以上にも
上っている。ネットメディア企業だけでも6000社に迫る勢いを見せ
ているが，これは10年前と比べると10倍以上に増加したことになる。
一般メディア企業の数も急速に増加し，過去10年間で約1000社以上
のメディア企業が新たに設立されている。業界では「ジャーナリスト
が1人退職すると，メディア企業が1社増える」という笑い話が生ま
れるほどである。マスコミ業界は長年にわたり飽和状態にあり，熾烈
な争いがさらに深刻化するにつれ，さまざまな弊害が現れている。何
よりも，メディア企業の乱立によりメディア生態系は長らく破壊され
た状態にある。人々はその崩壊したメディア生態系の中で，粗悪な
ニュースに無差別的にさらされ続けている。

　メディア生態系の崩壊状態は政治の両極化を助長する。競争が激化
したため，一部のメディアは隙間市場を攻略しようと努めている。安
定した読者層を確保するために「ニッチマーケット niche market」を
確保し始めたのである。その代表的な例として，米国の「FOXニュー
ス社」がある。大半がリベラルな傾向を見せる米国のメディア市場で，
FOXニュースは保守的傾向を持つ視聴者を狙った戦略で成功を収め

### 図8−1 年度別メディア企業数の変化

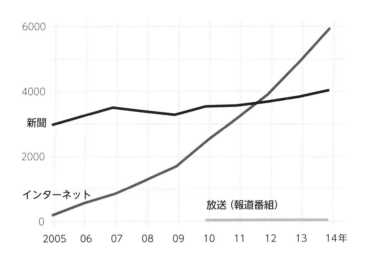

■出典：韓国言論振興財団（2014）, p.49.

た。状況は異なるが韓国の場合，「総合編成チャンネル[a]」がこれと類似した戦略を取っている。また，多数のネットメディアがそれぞれ進歩系，保守系に分かれ，政治理念マーケティングを行ってもいる。

これまで，競争が加熱するメディア市場で生き残るための戦略として「センセーショナリズム sensationalism」が用いられてきた。人々の注目を集めるために，マスコミは次第に，より刺激の強いニュース

---

[a] ケーブルテレビ，衛星放送，IPTVを通じて，ドラマ，ニュース，教養，スポーツなどさまざまなジャンルの番組を放送するチャンネル。主に新聞社が放送局を所有する形態を取っており，大企業，巨大資本によるメディア業界の支配，独占が憂慮されている。朝鮮日報の「TV朝鮮」，中央日報の「JTBC」，東亜日報の「チャンネルA」，毎日経済の「MBN」などがある。

図8-2 米国政府・政治,マスコミに対する信頼度

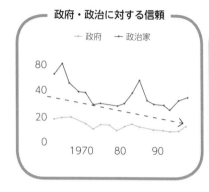
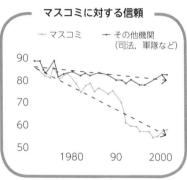

■出典:世界価値観調査(http://www.worldvaluessurvey.org/)より著者作成

の題材を求めるようになっている。一般的に,ネガティブな内容のニュースの方が刺激が強く,視聴者の関心を多く集める。特にマスコミの主要アジェンダになる政府,政界に関する報道は常にネガティブに扱われる傾向にある。実際に過去50年間,米国の政府,政治関連のマスコミ報道の論調は,常にネガティブな方向に流れてきた。しかしこうした報道がすべて,米国政府や政界の質が過去に比べて低下したことに起因するとは考えにくい。

ネガティブ報道は,有権者の政治に対する嫌悪感を増幅させる。米国の場合,政府や政界に対する国民の信頼度が低下する傾向が見られるが,専門家の間ではマスコミの継続的なネガティブ報道がその原因だとする見方が強い。政府と政界に対する信頼を失っていく国民は,次第に政治に対する嫌悪感も募らせ,政治参加に対する熱意も失って

いくが，これは投票率の低下という可視的な指標に表れている。韓国もまた，これと似た状況にある。

# コピペジャーナリズムとギャングメディア

　現在，韓国で見られるマスコミの過度な競争がもたらす代表的な問題の一つは，「アビュージング Abusing」行為の蔓延である。アビュージングとは，記事の表示回数を増やすために，同じタイトルやキーワードを繰り返し使用し，その記事が検索エンジンやポータルサイトの検索結果の上位に表示されるように操作することをいう。それにより露出が増加すれば，メディア企業が広告を確保するのに有利になり，それが彼らの利益に直結するのである。検索結果の上位で，頻繁にヒットさせるために，同一の単語を意味もなく何度も用い，「コピペジャーナリズム copy & paste journalism」により記事の質を低下させる現象を生んでいる。

　「コピペジャーナリズム」は主に，独自の取材力をほとんど持たない弱小メディア企業の記事に多く見られる現象である。存在するネットメディア企業の数は多いが，実際，人々の目に露出するメディア企業の数はごく限られているため，ネームバリューや独自の取材力がない弱小メディア企業はアビュージングに全面的に依存しているのが実状である。彼らは通常，有力メディアが報道した内容をそのまま利用して，これにポータルサイトの検索結果でうまくヒットするよう，話題になりそうなキーワードを複数回，重複挿入し，記事を投稿する。無分別に記事を作るため記事の品質は低下し，記事になりそうな話の

ネタが生じればこれに一斉に群がり，同じような内容の記事があふれかえることになる。そのようなレベルの低い記事を生産する記者は「キレギ<sup>a</sup>」と後ろ指を指されもするが，メディア企業が乱立する構造的な問題が解決されないため，こうした状況が好転する気配はほとんど見られない。

　さらに，このように効果的にアビュージングを施した記事が元記事よりも多く大衆の目に触れることもある。露出の面ではむしろ，良質な記事より粗悪な記事の方が上を行く現象が日常的に出現しているのが，韓国のメディア生態系の現状である。こうした現状により，最近では有力メディア企業もあからさまなアビュージングをする状況になっている。コピペジャーナリズムばかりに依存する弱小メディア企業の乱立により，有力メディア企業までもがプライドを捨て，生存のためにアビュージングをするようになったのである。ついには，こうしたコピペジャーナリズムが主流ジャーナリズムを破壊する現象まで現れ，韓国におけるメディア生態系の崩壊は，その速度を増している。

　メディア企業の乱立が生むもう一つの問題は，いわゆる「類似言論」と呼ばれる行為を巡るものである。この類似言論とは，広告主に対して，ネガティブな報道をすると脅迫し，広告掲載や金品などを強要するメディア企業を指している。2015年5月，広告主協会が発表した類似言論行為被害実態調査の結果によると，広告主の86％が類似言論行為による被害を経験したという。また，企業のうち約97％，すなわちほぼすべての広告主が類似言論媒体に広告を掲載したことがあると回答し，全体の広告予算の約10％がこのような不当な圧力により

---

a　韓国語の「記者」と「ごみ」を合わせて作った語。「マスゴミ」。

| 図8-3 | 「類似言論」行為 |

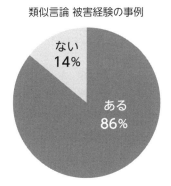

類似言論 被害経験の事例

■出典：ユ・ジェヒョン（2015）. p.1.

生じているという結果も示されている。

　類似言論が生じる理由としては，乱立するメディア企業を支えるには，韓国の広告市場の規模が不十分であるという実状が挙げられる。広告市場の規模はほぼ停滞しているにもかかわらず，「パイ」を分配しなければならないメディア企業の数は年々，急増している。そのため，広告が主な収入源である大半のメディア企業は生き残りを懸け，脱法行為という誘惑から逃れることができない構造が形成されている。

## ポータルサイトとメディア企業間の争い

　メディア企業過剰現象の原因を探るには，構造的な視点から接近す

る必要がある。韓国のメディア生態系の最大の特徴は，ポータルサイトでほぼすべてのニュースの流通がなされているという点にある。大多数の人がネイバーやダウムなどのポータルサイトを通じてニュースを入手し，その割合は次第に増えている。韓国におけるニュースの流通の大半を担うポータルサイトは，ある特異なビジネス形態を取っている。ポータルサイトはマスコミ企業とニュース提携契約，またはニュース検索契約を締結し，記事を提供してもらう。ニュース提携契約を結んだマスコミ企業の記事はポータルサイトのニュースページに，ポータルサイトの表示アルゴリズムにのっとって掲載される。そして利用者が記事をクリックすると，記事を提供したマスコミ企業のサイトに移動し原文を閲覧するのではなく，ポータルサイト自体に保存された記事を読むことになる。俗に言う「生け簀養殖構造」（一度サイトに入ると，そのサイト内に長くとどまることになる構造）になっていることが特異な点である。また，利用者がニュースを検索すると，ニュース検索提携契約を結んだマスコミ企業の記事が検索結果に含まれる。ポータルサイトはこうしてニュースコンテンツで利用者を自らに流入させ，最大限，ポータル内にとどまらせることで，広告収入を上げようとするビジネス形態を取っている。

　これに対して，ニュースを提供したマスコミ企業は，ニュースの流通すべてがポータルサイトでのみ成されることになり，もはや自力で利用者を引き込むことが不可能な状況になっている。従って，あらゆるマスコミ企業が記事の流通をポータルサイトに全面的に依存する一方で，専門性の高い人材を雇用し記事を生産する既成のメディア企業はその生存を脅かされている状況にある。紙媒体の新聞からニュースを入手する消費者の割合は急激に減少し，ポータルサイトの生け簀構

第8章 メディア生態系の崩壊

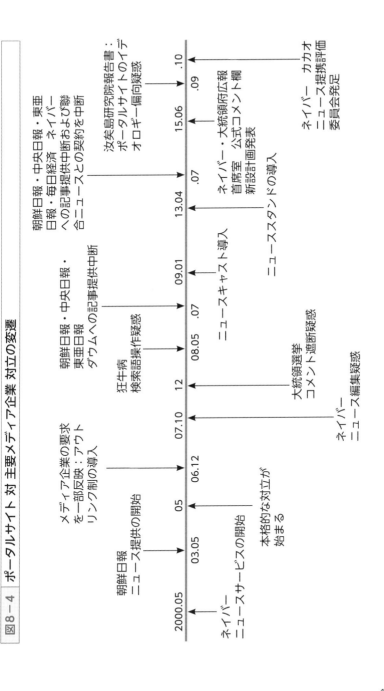

図8-4 ポータルサイト 対 主要メディア企業 対立の変遷

■出典：著者作成

造により自社サイトに流入する読者も大幅に減少している。どのよう
なマスコミ企業でも，ポータル企業と最低限の検索提携の契約を結び
さえすれば，広告契約を促進することができ，そのマスコミ企業の企
業価値が2倍以上暴騰するという話さえ存在する。

　米国，日本，中国など代表的なポータルサイトは生け簀方式を用い
たニュース提供サービスで行っていない。韓国と最もよく似たサービ
ス方式を採る日本のヤフージャパンさえも，日本の主要メディアであ
る日経新聞とNHKからは記事の提供を受けていない。また，朝日新
聞は記事を提供しているものの，天声人語や社説などの特別な記事は
有料でのみ閲覧可能となっている。影響力を持つ全ての媒体が生産す
る記事を一つ残らずポータルサイト上で「無償」で提供する生け簀方
式を用いたサービスは，韓国のポータルサイト業者が唯一である。
ポータルサイトがニュースの流通の大部分を担っている状況で，彼ら
が利用者に提供するニュースがどのような基準で選択され，どのよう
な形式で提供されるのかということは，韓国のニュース消費者がどの
ようなニュースにさらされているのかという問題と密接に関連してい
る。

　ポータルサイト中心の特異なニュースの流通構造は，ここ数年，
ポータルサイトと既成のマスコミ企業との間に大きな摩擦を生み出し
てきた。2013年にはその摩擦が極限に達し，『朝鮮日報』『中央日報』『東
亜日報』がネイバーへの記事提供を一時的に中断する事態にまで至っ
ている。さらに既成メディアの代替的役割を担いながらポータルサイ
トとマスコミ企業，双方に記事を提供していた聯合ニュースとの契約
が破棄される事態も引き起こされた。ネイバーは既成マスコミ企業の
反発を部分的に受け入れ，「ニューススタンド」というサービスを開

始した。利用者が，希望するメディア企業を先に指定して記事を読む
ことができるようにしたのである。しかし何よりスピードが重視され
る検索サービスが主を成すインターネット環境で，ニューススタンド
のような方法でニュースを入手する利用者はごく少数に限られてお
り，故に，ニューススタンドにはニュースの流通構造を改善する効果
はないと考えられている。

## メディア生態系崩壊の元凶はポータルサイトか？

　近年，ポータルサイトのゲートキーピング[a]と関連し，セヌリ党が
政党間の争いを巻き起こしたことが，社会的論争を引き起こした。し
かしポータルサイトに関する政党間の争いには，強い根拠がなく，そ
うした争いが露呈したのも，今回が初めてではない。2008年には進
歩陣営が狂牛病騒動と関連し，ネイバーが検索結果を不正操作し当時
の李明博政権を支援したという議論を提起している。

　ポータルサイト中心のニュースの流通構造が持つ核心的な問題は，
ポータルサイトの党派性ではなく，有力マスコミとの摩擦に対応する
方法に起因する。ポータルサイトは一方ではニュース提携契約金を上
向きに調整することで有力マスコミの機嫌を取り，他方では企業の規
模にかかわらず，すべてのマスコミ企業の表示される確率をN分の1
とすることで，主要マスコミ企業の独自のブランドパワーを無力化す
る。これにより，有力メディアの露出度を意図的に抑えると同時に，

---

a　メディア等が，一定のルールや価値判断の下で情報の取捨選択を行うこと。

長期的にはそれらを代替するサービスとなり，しかも構造的にポータルサイトに依存せざるを得ない弱小のマスコミ企業やネットメディア企業の記事の露出度を大幅に高めるのである。こうした手法を用いれば，ポータルサイトは現在のビジネス形態を長期的に安定的に維持することができるようになると予想される。しかし，それが結果的にメディア生態系の破壊をさらに加速させているという批判は避けられない。

　ではポータルサイトは，実際に有力マスコミ企業を無力化させるために，すべてのマスコミ企業の露出をN分の1化させる手法を用いているのだろうか。この問いへの答えは難しい。各マスコミ企業がどの程度の露出を保障されるべきなのかという客観的基準がなく，とりわけポータルサイトの自社サイトに掲載されたニュース記事に関しては，比較対象自体が存在しないため，その適合性を判断することはさらに難しいからである。ただしニュース検索はグーグルなどのグローバル企業でも提供されているため，グローバル企業の検索結果と比較することで，韓国のポータルサイトとの違いを客観的に把握することはできる。

　図8−5は2015年1月から同年10月まで，ネイバーが毎週発表している週間人気検索語のうち上位20位までの語をグーグル，ネイバー，ダウムで検索し，その検索結果の1ページ目に表示された記事を作成したマスコミ企業を，メディアの種類別に分類したものである。グーグルの検索結果では紙新聞記事の割合が54.6％で最も高かったが，ネイバーとダウムではすべての語においてインターネット記事の割合が紙新聞記事の割合より圧倒的に高かった。韓国のポータルサイトのニュース検索でヒットする紙新聞の記事の割合は，グーグルの

第 8 章　メディア生態系の崩壊

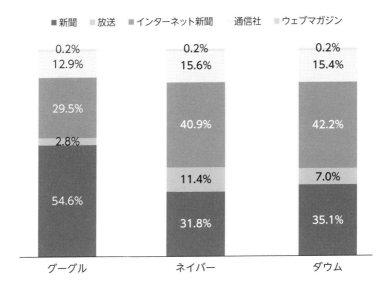

図 8 - 5　メディア別で見た検索結果の比較

■出典：著者作成

表 8 - 1　有力メディア企業の記事の割合

|  | グーグル | ネイバー | ダウム |
| --- | --- | --- | --- |
| トップ 5 | 14.4% | 5.9% | 4.6% |
| トップ 10 | 28.0% | 10.4% | 9.4% |
| トップ 15 | 28.7% | 12.9% | 13.2% |
| トップ 20 | 29.2% | 17.4% | 14.8% |

■出典：著者作成

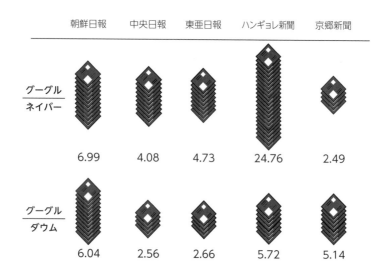

図8-6 朝鮮, 中央, 東亜, ハンギョレ, 京郷, 各メディアの露出度比較[a]

■出典：著者作成

3分の2程度にとどまっている。

　検索語の範囲を政治領域に限定し「セヌリ党」と「新政治民主連合」の二つの単語を同期間内において検索した結果，やはりほぼ同様の結果が得られた。このような研究結果から，グーグルの検索基準と比較した場合，国内のポータルサイトは紙新聞の露出を最小限に抑えて表示していると判断することができる。ポータルサイトと既成メディ

---

a グラフ中の値は，ネイバーやダウムという韓国の代表的なポータルサイトに比べ，グーグルにおける各メディアの露出が何倍程度あるかを示している。保守系と進歩系のメディアの間でこの数値の傾向が大きく異なる場合は，韓国のポータルサイトが政治的に偏向していることを示す。また，朝鮮・中央・東亜は保守系，ハンギョレ・京郷は進歩系に分類される。

第8章　メディア生態系の崩壊

| 表8−2 | グーグルのニュース検索基準 |
|---|---|

1. 企業の生産量
2. 記事の長さ
3. 企業の報道範囲の重要性
4. 速報ニュースの出典，ニュースの利用量
5. 企業の信頼度に対する世論調査
6. 訪問者数およびトラフィック
7. 記者の数および編集室の規模
8. 事務所の数
9. 報道対象の実名性
10. 企業の報道範囲の広さ
11. 企業のグローバル到達率
12. ニュース記事の体裁（綴りおよび文法）

■出典：Google News Publisher Help Center（http://support.google.com/news/publisher，検索日：2016年6月1日）より著者作成

ア，特に紙新聞媒体との関係を考慮すると，予測可能な結果である。

　以上の論理を，新聞社で作成した記事のみに適用した場合にも，国内ポータルサイトはグーグルに比べ，主流マスコミ企業とされる新聞社の露出度を相対的に低く設定しているだろうという推測が可能である。**表8−1**は，紙新聞を発行するマスコミ企業の中で，購読率の高い上位5，10，15，20位の新聞社について，20位までの人気検索語を検索した結果に占める割合を整理したものである。予想通り，ネイバーとダウムの検索結果よりもグーグルの検索結果の方が，有力メディア企業の記事の割合が高いことがわかった。こうした傾向は政治ニュース領域でも同様の結果となった。また，スポーツ新聞を除外し

171

た総合日刊紙，地域新聞，経済新聞などを対象として行った分析結果でも，同様の傾向が確認された。

　最後に，人々が懸念しているように，国内ポータルサイトが政治的偏向を検索結果に反映させているのかを確認するために『朝鮮日報』『中央日報』『東亜日報』『ハンギョレ新聞』『京郷新聞』の記事が各サイト別検索結果でどの程度の割合を占めているのかを調査した。

　調査の結果，すべての新聞社がネイバーやダウムより，グーグルでより多く露出している傾向はあったが，ポータルサイトに特定の政治的偏向は見られなかった。グーグルとネイバーの比較では『朝鮮日報』の露出度がほかの新聞に比べ低かったことは事実であるが，『ハンギョレ新聞』はこれをさらに大きく下回った。またグーグルとダウムの比較では『中央日報』や『東亜日報』の露出度が低かったが，『ハンギョレ新聞』や『朝鮮日報』『京郷新聞』はそれ以上に露出度が低かった。より重要なことは，ネイバー，ダウムで検索した場合，進歩系，保守系の別にかかわらず，紙新聞を発行する有力な新聞社はすべてグーグルに比べ相対的に検索結果が少なかったことである。同様の分析を政治領域のみに限って調査した場合も，類似した結果が得られている。政治関連検索語で調査した場合，『朝鮮日報』が特に露出度が低かった一方，『京郷新聞』もほかの新聞に比べ，相対的に露出が少ないことが確認された。したがって，韓国のポータルサイトの検索結果に政治理念の偏向が反映されていると判断する根拠は十分とは言えなさそうだ。

　2015年，イ・ノグン議員側から配布された資料によると，グーグルではニュース検索結果を表示する際，多様な基準を適用しているという。マスコミ企業の生産量，ニュース記事の長さ，記者の数および

第8章　メディア生態系の崩壊

編集部の規模，さらにはオフィスの部屋数まで含んだ総合的な評価を
下していることが明らかになっている。こうした基準を適用すること
で，十分な取材力を持ったマスコミ企業の記事が検索結果でより多く
ヒットするようにしているのである。こうした基準を適用すれば，取
材力が不足している「類似言論」の記事が検索結果に無分別に大量表
示されるのを抑えることができ，結果的にマスコミ企業の乱立を防止
し，健全なメディア生態系を形成する効果が期待できるであろう。

# 原注

1 Berry, D. 2011. "The computational turn: thinking about the digital humanities." *Culture Machine 12*.; Laney, D. 2001. "3D Data Management: Controlling Data Volume, Velocity, and Variety." *Technical report*, META group.

2 조화순. 2013. 『소셜네트워크와 선거』. 한울.

3 고한석. 2013. 『빅데이터, 승리의 과학』. 이지스퍼블리싱.

4 조해주·김도윤·김학량·고한석·유승찬·김지성·조예진. 2014. 『한국형 선거 빅데이터 구축방안』. 중앙선거관리위원회 최종보고서.

5 양현철·김자영·오정연. 2015. 『2015년 BIGDATA 시장현황조사』. 한국정보화 진흥원.

6 국가정보화전략위원회. 2011. 『빅데이터를 활용한 스마트정부 구현안』.

7 이만재. 2011. 「빅 데이터와 공공 데이터 활용」. ≪Internet and Information Security≫, 2(2), 47~64쪽.

8 조화순·이재묵. 2015. "Partisan Affective Polarization in the Korean Electorate." 2015 한국복잡계학회 가을 학술대회.

9 조화순·이재묵. 2015. "Partisan Affective Polarization in the Korean Electorate." 2015 한국복잡계학회 가을 학술대회.

10 이신영·현혜란. 2016.5.17. "정진석號, 계파 갈등에 출항 2주만에 '좌초 위기'". ≪연합뉴스≫.

11 안준호. 2016.4.19. "박지원 당권이건 대권이건 도전하겠다". ≪조선일보≫.

12 Hahn, K. S., Lim, J. H., & Kwon, S. H. 2014. "The Analysis of Roll Call Data from the 18th Korean National Assembly: A Bayesian Approach." ≪응용통계 연구≫, 27(4), 523~541쪽.

13 최영재. 2006. 「정치인의 이미지 관리: 언어 및 비언어 메시지를 중심으로」. ≪한국 언론학보≫, 50(1), 378~451쪽.

14 신헌철·김명환·박의명·김연주. 2016.1.31. "노조는 '귀족', 시민단체는 '진상'". ≪매일경제≫.

15 この内容は, 조화순·김정연. 2013. 「소셜네트워크상에서의 플레밍(Flaming) 현상과 공론장의 가능성: 2011년 서울시장 선거 이슈 분석」. ≪정보화정책≫, 20(2) を修正した。

16 이소영. 2012. 「4.11 총선과 소셜네트워크 정치캠페인: 총선 후보자의 트위터 선거 캠페인을 중심으로」. ≪21세기정치학회보≫, 22(3), 287~312쪽.

17 중앙선데이. 2012.4.7. "최다 등장 이정희, 고정 출연 박근혜, 호감도 1위 안철수".

18 조화순. 2010. 「빅맥 먹는 이태백: 세계화 시대의 청년 세대」. 『위기의 청년 세대: 출구를 찾다』. 나남.

175

19 정일권. 2012. 「SNS를 통한 정치참여」. 『정치적 소통과 SNS』. 나남.

20 현혜란. 2015.9.18. "〈빅데이터 돋보기〉 청년의 상실감이 만들어낸 유행어 '헬조선'". ≪연합뉴스≫.

21 소호영. 2015.10.29. "소셜분석, 왓 더 헬조선??". 골든플래닛.

22 소호영. 2015.10.29. "소셜분석, 왓 더 헬조선??". 골든플래닛.

23 국민대통합위원회. 2015. 『한국형 사회갈등 실태진단 연구보고서』.

24 국가미래연구원. 2015. 『2040에 대한 국민의식조사 – 헬조선』.

25 장덕진·김기훈. 2011. 「한국인 트위터 네트워크의 구조와 동학」. ≪언론정보연구≫, 48(1), 59~86쪽.

26 この内容は 조화순·김정연. 2012. 「소셜미디어의 매체 특성과 참여의 커뮤니케이션: 반값등록금 관련 블로그와 트위터 내용분석」. ≪사이버커뮤니케이션학보≫, 29(2) を修正した。

27 정효식·백일현. 2011.5.22. "황우여 '등록금 반값으로 줄이겠다.'" ≪중앙일보≫.

28 유혜은. 2011.5.30. "B학점 이상만 반값등록금? 제2의 카이스트 대란 인터넷서 논란." ≪중앙일보≫.

29 한규섭. 2015. 「언론의 재난 관련 담론 형성, 이대로 좋은가?」. 세월호 참사 1주기 추모 심포지움 '세월호가 묻고, 사회과학이 답하다'. 서울대학교 사회과학연구원.

30 박종희. 2016. 「세월호 참사 1년 동안의 언론보도를 통해 드러난 언론매체의 정치적 경도」. ≪한국정치학회보≫, 50(1), 239~269쪽.

# 参考文献

김기열. 2012.8. 「기획재정 정부입법계획 추진실적과 문제점 소고」. ≪법제논단≫.

송길영. 2012. 『여기에 당신의 욕망이 보인다: 빅데이터가 찾아낸 70억 욕망의 지도』. 쌤앤파커스.

유재형. 2015. "기획연재. 유사언론행위 이대로는 안 된다." ≪KAA저널≫. 한국광고주협회.

장승진. 2012. 「19대 총선과 한국정치: 참여의 폭발과 제도의 한계」. 한국정치학회 2012 특별학술회의 '19대 총선의 이슈와 유권자의 선택'.

한국언론진흥재단 편집부. 2014. 『2014 한국언론연감』. 한국언론진흥재단.

홍희경. 2012. "대선 트위터 지형도, 안철수, 문재인 세력 '막강', 박근혜 '빈약'" http://www.wikitree.co.kr/main/news_view.php?id=87835 (게시일:2012.10.7).

≪동아일보≫. 2011.10.27. "10·26 재보선, 선거를 바꾼 SNS〈상〉트위터의 힘."

≪동아일보≫. 2011.11.17. "박근혜 팔로어, 한나라 평균보다 진보적."

≪매일경제≫. 2012.3.7. "불과 25초! 한국 트위터 전파속도 세계 최고."

≪머니투데이≫. 2016.4.15. "새누리 지역구 당선인 계파 봤더니... 친박 46명 최다."

≪레이더P≫. 2016.4.14. "더민주 당선자 계파 분석...123명 중 70여 명 범친노."

≪위키트리≫. 2010.10.29. "정용진-문용식 트위터서 한바탕 설전." http://www.wikitree.co.kr/main/news_view.php?id=22837 (게시일:2010.10.29).

≪조선일보≫. 2015.2.18. "여야 이념 간극, 김무성·문재인(여야 당 대표) 멀고 유승민·우윤근(여야 원내 대표) 가까워."

≪한국일보≫. 2016.4.18. "국민의당 당선자 분석, 안철수계·호남 양대 축... 安측 26명 '탄탄'."

≪헤럴드경제≫. 2015.7.23. "메르스 댓글 21만 건 분석 언론에선 '삼성병원 책임론'... 여론은 '대통령-정부'."

## 著者略歴

### チョ・ファスン

延世大学政治外交学科教授として在職中。同大学社会科学データ研究革新センター長，情報社会研究センター長，国家管理研究院副院長を兼任。延世大学政治外交学科を卒業し，米国ノースウェスタン大学で政治学博士学位を取得。情報社会振興院責任研究員，ソウル科学技術大学IT政策専門大学院教授，ハーバード大学客員教授を歴任。その間，情報技術の発展により促される政治と社会のパラダイムの変化を追跡する研究を続け，情報革命と国内外のガバナンスの変化，権力の変化と未来統治の秩序，政治経済的対立と協力などが主要研究テーマである。著書として "Building Telecom Markets: Evolution Of Governance In The Korean Mobile Telecommunication Market"，『デジタルガバナンス：国家・市場・社会の未来』(韓国語)，『情報時代の人間安保：監視社会か？福祉社会か？』(韓国語)，『ソーシャルネットワークと政治変動』(共著，韓国語)，『集団的知性の政治経済：ネットワーク社会を動かす力』(共著，韓国語)，『ソーシャルネットワークと選挙』(共著，韓国語) などがあり，多数の論文を執筆。

### ハン・ギュソプ

ソウル大学言論情報学科副教授として在職中。同大学ビッグデータ研究院で文化社会応用部副部長を兼任。ソウル大学赴任前に，米国スタンフォード大学でメディア学博士学位を取得し，米国UCLAで4年間，助教授を勤めた。ビッグデータ分析のような多彩かつ新たな方法論を速やかに取り入れ，言論，メディア政治，選挙，世論調査，両極化に関する研究を続けている。*Journal of Politics, The ANNALS of the American Academy of Political and Social Science, PLOS One, Public Opinion Quarterly, Journal of Communication, Communication Research, Journalism & Mass Communication Quarterly, Journal of Applied Statistics, British Journal of Political Science* などにメディア政治と方法論に関する多数の論文を執筆。

### キム・ジョンヨン

延世大学大学院政治学科博士課程修了。韓国研究財団の社会科学研究支援事業 (Social Science Korea) の支援の下，「ネットワーク時代の多極化と不平等：共存と社会統合のための問題解決の社会科学」チームで政治コミュニケーションに関する研究を行う。韓国の政治プロセスとメディア，世論分析に関心がある。

### チャン・スルギ

ソウル大学大学院言論情報学科博士課程在籍中。ソウル大学政治コミュニケーションセンター (CPC) で選挙キャンペーン，世論調査，テキスト分析，両極化などに関する研究を行う。ソウル大学ビッグデータ研究院データジャーナリズム・ラボで研究し，多様な方法論を利用したデータジャーナリズムにも関心がある。

**監訳者略歴**

## 木村 幹（きむら　かん）

1966年大阪府生まれ。神戸大学大学院国際協力研究科教授・アジア総合学術センター長。京都大学大学院法学研究科博士後期課程中途退学，博士（法学）。専攻は比較政治学，朝鮮半島地域研究。アジア太平洋賞特別賞，サントリー学芸賞，読売・吉野作造賞を受賞。著作に『朝鮮／韓国ナショナリズムと「小国」意識』（ミネルヴァ書房），『朝鮮半島をどう見るか』（集英社新書），『韓国現代史』（中公新書），『だまされないための韓国』（講談社，浅羽祐樹 新潟県立大学教授と共著）など。

**訳者略歴**

## 藤原 友代（ふじはら　ともよ）

韓国書籍に関する情報を発信する「K-BOOK振興会」に所属，韓国書籍の紹介業務に携わる。

主な訳書に『マザー・テレサのいる動物病院』（彩流社），『時の庭園』『時の部屋』『The Present』（日本文芸社），『新感染 ファイナル・エクスプレス』（竹書房），『銭の戦争』（竹書房，共訳）などがある。

この他，論文翻訳も多数手掛ける。

## 監訳者解題

### はじめに

　本書はチョ・ファスン，ハン・ギュソプ，キム・ジョンヨン，チャン・スルギ『빅데이터로 보는 한국정치 트렌드 (ビッグデータで見る韓国政治トレンド，逐語訳)』(ハヌルエムプラス，2016年) の翻訳である。著者紹介にもあるように，第一著者であるチョ・ファスンは，現在，韓国の名門私立大学である延世大学政治外交学科教授。米国のノースウェスタン大学で博士号を取得した，政治外交学を専攻する気鋭の研究者である。第二著者のハン・ギュソプはこちらも韓国の最名門大学であるソウル大学言論情報学科副教授。政治コミュニケーションを専門にし，やはり米国のスタンフォード大学で博士号を取得し，その後UCLAでも助教授として教鞭をとった経験のある，韓国を代表する政治学者の一人である。本書はこの両名の下に，延世大学で博士号を取得したキム・ジョンヨンとソウル大学大学院に在学中のチャン・スルギという若手研究者が著者として名を連ね，今日の韓国政治に果敢に切り込む意欲作である。

### 本書の特徴—「政治」を可視化，韓国の読者に限らないその魅力

　さて，そのような本書にはいくつかの特徴がある。第一はこの著作が米国で学位を取得した人々を含む，第一線の研究者によって書かれたのにもかかわらず，学問的で専門的な問題を投げかけるというよりは，むしろ，一般の人々に今日の韓国の事情を，ビッグデータ，とりわけTwitterをはじめとするSNSから得られたデータを利用して，わ

180

かりやすく解説しようとするものであることである。周知のように現在の米国の社会科学研究は，時に「学者の知的パズル」とさえ揶揄される，学問的に複雑な「問い」を解くことに重きが置かれる一方で，単なる現状の紹介や描写には重きが置かれない傾向にある。

　にもかかわらず，米国の学問的環境の下，薫陶を受けた研究者が中心となるこのプロジェクトがあえて，ビッグデータを通じた韓国政治の描写を試み，一般の人にもわかりやすく提示しようとしたことは興味深い。おそらくその背景にあるのは，一般には漠然としか認識されていない韓国政治に関わる事象を，データを通じて数字により正確に記述したいという欲求であり，またビッグデータという新たなツールを手にした研究者たちの，このツールから得られた研究成果を，一般社会に還元し役立てたい，という思いであろう。そこには政治学者としての現実社会への真摯な向き合い方を見ることができる。

　第二の特徴は，その結果として，この著作が—結果として—韓国社会の外部に住むわれわれ「外国人」にとっても，今日の韓国政治を理解する良い手引書となっていることであろう。とりわけこのことは，今日の日本において，大きな意味を持っている。書店の品ぞろえを一見すれば明らかなように，今日の日本では，韓国に対する煽情的な言説があふれている。そこで繰り返されるのは，お決まりの「韓国の反日意識」を型通りに批判する文句であり，このような言説を中心とする著作からわれわれが，今日の韓国政治に関わる詳細で客観的な情報を得ることは不可能に近い。同様のことは，日本国内の韓国専門家の手による著作についても言うことができる。日本の専門家による著作の多くは，各々のテーマについてこそ専門的かつ細かい実証がなされているものの，その分過度に専門的で，そこから一般の人々がバラン

181

スの良い知識を得ることは難しい。

　もちろん，現在の日本における韓国をめぐる言説がこのような事態
に立ち至ったのにはさまざまな理由がある。本書との関係で一つ指摘
すべきことは，そもそも政治に関しては客観的なデータが得にくく，
ゆえに印象論的な議論がはびこりやすいことである。例えば，われわ
れは経済に関しては成長率や失業率，さらには相対的貧困率などの詳
細で客観的なデータを，比較的に容易に数字の形で得ることができ
る。しかしながら，政治に関して数字で得られるデータの多くは，大
統領選挙をはじめとする重要選挙における得票状況や，世論調査の結
果など，狭い範囲に限られるのが通常である。勢い，限られたデータ
により形成されるイメージは主観的なものとなる傾向が強く，人々の
認識は実態から遠く離れたものになる。そして当然のことながらその
弊害は，日常生活を通して自らの認識をそれなりに修正できる「当該
社会に住む人々」よりも，修正の機会を持たない「当該社会の外に住
む人」においてより大きくなる。現在の日本における韓国に関わる言
説は，この陥穽に落ちつつある典型的な例であり，だからこそわが国
においてこそ，韓国政治の実情を数字で示す本書は極めて大きな意味
を持っている。

　第三の特徴は，本書の内容にかかわる部分である。既に述べたよう
に本書が主たる分析の対象としているビッグデータは，Twitterをは
じめとするSNSから得られたものである。なかんずく注目すべきは，
本書がこのようなデータを用いて，SNS空間における政治的エリート
の言説状況について，「ネットセレブ」と呼ばれる人々や，既成メディ
ア，さらにはこれらに対するフォロワーと呼ばれる一般の人々の言説
やその相互の関係を，同一のベクトル上に載せて議論していることで

ある。

　背景にあるのは，SNSの普及により生まれた特殊な言論空間であろう。よく知られているように，旧来のメディアにおいては，政治家や既成メディアのジャーナリスト，さらには「知識人」と呼ばれる一部「エリート」が多くの情報発信の機会を得る一方で，そうではない一般の人々による情報発信の機会は極めて限定されている。勢い，そこでの情報交換は「エリート」側から一般の人々に対する一方向的なものになりがちであり，だからこそ「エリート」による言論空間と一般の人々によるそれは，事実上分離して存在していた，とさえ言えた。このような状況においては，異なる言論空間にある「エリート」の言説と一般の人々のそれらを同じ俎上に載せて議論することには多くの技術的困難があり，そもそも一般の人々の言説そのものを直接客観的に捉えること自体，難しかった。

　しかしながら，SNSにより生まれた新たなる言論空間においては，状況は大きく異なっている。米国の新大統領に就任したトランプのTwitter上での情報発信と，それに対する一般の人々のやりとりからも明らかなように，そこにおいては，これまでは絶対に交じり合うことのなかった「超エリート」と一般の人々が，極めて容易に直接意見交換できる言論空間が出現している。そこではお互いが相互に直接影響を与えることが出来，同じ言葉が共有されている。だからこそこの言論空間においては，本書で実際に行われているように，個々の政治家と既成メディア，あるいは集団としての各政党の国会議員とそのフォロワーたちの関係を直接に観察し，また相互に位置付けることができるようになっている。

183

## 背景となった政治状況

　そのように，さまざまな特色を持つ本書であるが，ここで明確にしなければならないことがある。それは本書が分析の対象としているのが，その出版年の関係上，主として2016年4月以前，つまり，韓国において朴槿恵大統領を巡るスキャンダルが勃発し，大規模デモの中，彼女が国会で弾劾され，ついには大統領職を失う「以前」のデータである，ということである。当然のことながら，本書に用いられているデータの背後には，当時の固有な政治状況が色濃く反映されている。しかしながら，元々韓国語で書かれ，韓国国内の読者を対象としている関係上，本書においてはこの政治状況に対する説明は省略されがちである。そこで本書を紐解く読者の理解のために，当時の状況について簡単に解説しておくことにしよう。

　話は今をさかのぼること6年，2011年から始めれば良いであろう。この時期の韓国では保守・進歩両勢力による二大政党体制が長く続いていた。両者の対立は，単なる政党間の対立からこれを支持する人々の対立へと発展し，やがて，韓国社会自体の左右両軸への「両極化」が指摘されるようになった。当時の大統領は，保守政党であるハンナラ党を与党とする李明博。しかしながら，彼の政権は既に4年目に入っており，その求心力は急速に失われつつあった。大統領の任期を5年1期に限る韓国では，現職大統領の次期大統領選挙への立候補は制度上不可能であり，故に大統領選挙が近づくと，人々は残り任期の少ない現職大統領の下を去り，新たなる政権での機会を求めて次期大統領選挙有力候補者の下に結集する現象が起こるからである。本書で言う

184

ところの「未来権力」の登場がそれである。

　李明博の支持率が急速に低下する中，与党ハンナラ党もまた支持率を急落させ，結果，同年11月に行われたソウル市長補欠選挙では，与党候補者のナ・ギョンウォンが，進歩系野党統一候補となったパク・ウォンスンに敗北した。本書5章で登場するソウル市長補欠選挙はこれである。この選挙においては，当時ソウル大学教授であった安哲秀の名も有力候補者として下馬評に上がり，これにより知名度を一挙に上げた彼は，後に政界に進出を果たすことになる。

　この与党の緊急事態に，救世主として登場したのが朴槿惠であった。2007年の大統領選挙に先立つハンナラ党内の予備選挙で李明博に敗北した朴槿惠は，その後，李明博に近い「親李明博系」勢力に対して，自らに近い「親朴槿惠系」勢力を率いて対峙し，党内野党的地位を占めてきた。その朴槿惠がこの時期，与党内部の次期大統領最有力候補者として「未来権力」の中心になったことで，朴槿惠と彼女の率いる「親朴槿惠系」勢力は一気に勢いを得ることとなった。

　非常対策委員長に就任，自らの誕生日の当日，与党の名称をハンナラ党からセヌリ党に改名した朴槿惠は，翌2012年4月に行われた国会議員選挙では，党公認として，自らに近い「親朴槿惠系」勢力を大量に擁立，「親李明博系」勢力をたちまちのうちに周辺へと追いやった。選挙の結果は，大方の予想を覆すセヌリ党の勝利，与党は過半数維持に成功する。これにより「選挙の女王」としての名声を再確認した朴槿惠は，余勢を駆り大統領候補者としての地位を確固たるものとした。

　他方，予想外の国会議員選挙での敗北は，野党に混乱をもたらした。当時の最大野党は進歩系の民主統合党。党内ではかねてから故盧武

185

鉉 大統領の流れを引く「親盧武鉉系」勢力とそれ以外の「非盧武鉉系」勢力の深刻な対立が続けられてきた。国会議員選挙の敗北はこの対立を激化させ，事態は同党の大統領候補者選びにも波及した。

　事態を複雑にしたのは，ここに，先のソウル市長補欠選挙で脚光を浴びた安哲秀が参戦したことであった。彼の参戦により野党系勢力の候補者選びは混迷を深め，事態はかろうじて，安哲秀が大統領選挙候補者登録の僅か3日前に立候補を断念し，「親盧武鉉系」勢力の事実上の領袖である文在寅に候補者の座を譲ることで収拾された。しかしながら，野党はこの後も長くこの時の対立が残した亀裂に苦しむことになった。

　このような中，与野党党内では，混乱する状況を憂いた数多くの「改革グループ」が結成されたものの，結局，彼らの活動は大きな成果を上げることができなかった。結果，2012年12月に行われた大統領選挙は，セヌリ党の朴槿恵と民主統合党の文在寅の間の事実上の一騎打ちとなり，朴槿恵が得票率にして僅か3.6％差で勝利した。先に述べたように，与党セヌリ党は先の国会議員選挙で過半数の勝利を収めており，政府と国会の双方の基盤を得た朴槿恵の政権は安泰に見えた。大統領選挙の結果を決めたのは世代対立。若年層に支持された文在寅に対し，高齢化が進む韓国においてより大きな人口を占める高齢者に支持された朴槿恵が勝利した選挙でもあった。

　このような中，与党内における勢力をさらに強めた朴槿恵は「親朴槿恵系」勢力を大量登用，「親李明博系」をはじめとする「非朴槿恵系」勢力はますますの逼塞を余儀なくされた。以後，朴槿恵政権は2014年に勃発したセウォル号転覆事故や2015年に発生した伝染病MERSを巡る批判にもかかわらず，2016年夏まで安定した支持率を維持し

続ける。朴槿恵政権の将来は明るく見え，その最後は大統領退任に合わせてスケジュールが設定された平昌冬季五輪によって華やかに彩られる「はず」だった。

　他方，大統領選挙で敗れた民主統合党内では混乱が加速した。取り急ぎ党名を「民主党」と改めた党内では，敗れた文在寅が代表的な「親盧武鉉系」の人物だったこともあり，党内多数派を占める「親盧武鉉系」への批判が激化した。他方，次期大統領選挙出馬を目論む安哲秀もまた2014年の統一地方選挙までの新党結成を目指して活動を再開し，野党勢力の混乱はさらに深くなった。

　結局，2014年統一地方選挙を前にして，安哲秀系勢力はいったん民主党と統合し，新党「新政治民主連合」が結成されることになる。しかし，野党勢力の統合は結局，長続きしなかった。同年に行われた統一地方選挙においてこそ，ソウルを中心とした地域で辛くも勝利を収めた新政治民主連合は，続く2015年に行われた一連の補欠選挙では敗北が続き，党首を務めた文在寅への批判は高まった。結果，2015年12月，安哲秀らが離党を表明，彼らは新党「国民の党」を結成した。残された文在寅らは党名を「共に民主党」と改称し，翌2016年4月の国会議員選挙，さらには朴槿恵弾劾により前倒しされて行われた2017年5月の大統領選挙に臨むことになる。この辺りの韓国諸政党の離合集散とそれに伴う党名変更は頻繁であり，本書を紐解く際の大きな注意事項の一つになる。ともあれ，本書の筆はこの2016年春で事実上置かれ，やがて韓国は弾劾政局に揺れる同年秋を迎えることになる。

## インターネットに対する視線の違い
### ―政治・経済への活用に積極的な韓国

　本書を紹介するに当たりもう一つ付記しておくべきは，韓国政治におけるインターネットやSNS上の議論が持つ重要性であろう。

　この点についてまず指摘すべきはそもそもわが国と韓国ではインターネット自体に対する理解が，大きく異なることである。話は再びさかのぼり，1997年。当時の韓国はアジア通貨危機の渦に巻き込まれ，経済的破綻の危機に直面していた。このような事態の中，翌98年に大統領に就任した金大中は経済立て直しのためにさまざまな施策を導入する。ここで金大中政権が注目したものの一つが，未だ普及が進んでいなかったインターネットの整備だった。当時の韓国政府はこれにより韓国の経済的競争力向上をもたらし，これを利用して多くのベンチャー起業が生まれるであろうと期待した。ちなみにこの流れに乗り，ベンチャー起業家として成功した代表的な人物の一人が，ソウル大学「医学部」卒業の安哲秀。以前から副業としてソフトウエア会社を経営していた彼は，この機会に自らのビジネスを大きく伸ばすことになる。

　重要なのは，韓国社会がインターネットに好意的な理解を有していることである。そしてその好意的な理解は，経済面のみならず政治面においても同様だった。インターネット上での議論が依然として，限られた一部の人々による「アンダーグラウンド」に属するものと考えられがちなわが国とは異なり，韓国においては，同じインターネット上での議論は，むしろ古い間接民主主義的な制度の弊害を打破し，直

接民主主義的な理想を実現するための「先進的なツール」として受け止められている。

　だからこそ，とりわけ現状の韓国政治に不満を持ち，これを変えることを望む「進歩」主義的な人々はこの新しいツールを積極的に利用した。本書が指摘するような，インターネット空間において「進歩」派がマジョリティーを有する原因の一つも恐らくここにある。そしてその最初の顕著な成功例は言うまでもなく，2002年大統領選挙における盧武鉉の躍進と当選であった。金泳三や金大中といった先立つ大統領とは異なり，民主化運動における飛び抜けた英雄でもなく，強い政治的地盤も持たなかった盧武鉉を大統領の地位にまで持ち上げた力の一つは「ノサモ（「盧武鉉を愛する会」の略称）」と呼ばれた勝手連的な団体によるインターネット上の活動であった。彼らはホームページを活用して活発な情報発信を行い，この時点では未だ知名度の決して大きくなかった盧武鉉の政策とその個人的魅力を効果的にアピールしていった。

　当然，この盧武鉉と「ノサモ」の成功は，他の政治家をしてインターネット上の活動の重要性を再確認させることとなった。こうして韓国では政治活動におけるインターネットの活用が当然視され，また政治家と国民の間の意思疎通を円滑化させる好ましいものである，という認識が形成された。インターネット上の議論において「2ちゃんねる」やニュースサイトのコメントコーナーにおけるもののような，民族主義的で煽情的な内容が先に注目された日本との大きな違いである。

　そしてこのような状況は2010年代に入ると，政治活動におけるSNS全盛をもたらすことになる。インターネット上の議論の重要性を，直接民主主義的な理想の実現の延長線で理解する韓国の文脈にお

いては，ホームページ上の一方向的な情報発信から，SNSを通じた双方向的な情報発信の在り方は，より望ましいものであると考えられたからである。こうして進歩系をはじめとする政治家たちがこぞってSNSのアカウントを作って情報発信し，さらには一般の人々と活発に情報交換することが当然視される状況が出現した。彼らのイメージにあるのは，大きな広場に集う人々がその社会的地位にかかわらず自由に議論する「広場の民主主義」のイメージであり，それは2016年秋，朴槿恵弾劾を求めて発生した大規模デモのイメージにも共通している。

## 最後に─本書の射程

では，このようなSNSを中心としたビッグデータから見える韓国の姿は，われわれにどのような意味を持っているのだろうか。

韓国政治の文脈において重要なことは，大規模デモを伴う劇的な弾劾劇と新大統領の就任にもかかわらず，本書で指摘された韓国の抱える問題が何も解決されていないことである。イデオロギー的な左右への両極化や，深刻な世代対立，不安定で混乱した党派対立，さらには「進歩側に傾いたネット世論」は以前のままであり，また既成メディアやポータルサイトを巡る問題もまだ続いている。華やかで表面的な変化にかかわらず，根本的な問題はむしろ深く静かに進行している。その意味で本書は依然，韓国社会が抱える問題を知る良い解説書なのである。

だが，本書を通して見える韓国の姿はわれわれにとって，もう一つ大きな意味を持っている。既に述べたように，政治現象は時に客観的

な数字で捉えにくく，故にわれわれの政治にかかわる議論は過度に主観的なものになりがちである。実際われわれは，自らの住むこの社会について，本書が示すような客観的な知識をどれほど有しており，またわれわれがそれに触れることのできる機会はどの程度あるのだろうか。また，その知識は実際の政治的議論にどの程度反映されているのだろうか。本書を通じて学ぶことができるのは，韓国の政治事情よりも，政治現象を数字などにより客観的に把握し，理解することの重要性，なのかもしれない。

# 索引 ■

## 人 名

アンダーソン，クリス┈┈┈19
安哲秀〔アン・チョルス〕┈38-39, 42, 61-63, 65, 76, 79, 82, 112-116, 118, 186-188
李明博〔イ・ミョンバク〕┈27, 31, 65, 69, 70-76, 80-86, 95, 113, 131-133, 138, 167, 185-186
キム・ジェドン┈┈49, 50-53, 136-138
金大中〔キム・デジュン〕┈┈28, 68, 70-71, 188-189
金泳三〔キム・ヨンサム〕┈┈26, 68-70
ギングリッチ，ニュート┈┈91
サルトーリ，ジョバンニ┈┈68
ナ・ギョンウォン┈43, 75, 98-106, 113, 185

盧武鉉〔ノ・ムヒョン〕┈27, 44, 65, 70-72, 76-82, 84, 99-100, 105, 113, 186, 187, 189
パク・ウォンスン┈┈78, 98-106, 112-116, 185
朴槿恵〔バク・ク・ネ〕┈┈29-31, 40, 53, 57-58, 61-63, 65, 69-76, 80-84, 112, 151-153, 185-187, 190
ヒューズ，クリス┈┈6
ファン・ウヨ┈┈30, 43, 53, 74, 132
文在寅〔ムン・ジェイン〕┈┈42, 53, 57-58, 61-63, 71, 77-79, 82, 113, 186-187
ユ・ビョンオン┈┈144, 146, 148
ロムニー，ミット┈┈91

## 事 項

### 英数

88万ウォン世代┈┈118

Eマート┈┈128-131
MDS┈┈51-52
MERS騒動┈┈151-155, 186
N放世代┈┈120
W-NOMINATE┈┈32, 39

### あ

アビュージング┈┈161-162
生け簀養殖┈┈164
イデオロギー的消費論争┈┈128-131
インスタグラム┈┈91
飢えた民衆┈┈144
エコーチェンバー┈┈59, 66

### か

「カ・フェ・ツ」選挙┈┈46
企業型スーパー┈┈131
議事妨害┈┈29
期待反映┈┈58
記名投票┈┈33
キレギ（マスゴミ）┈┈162
金のスプーン┈┈118, 125
競馬式報道┈┈143
ゲートキーピング┈┈167
公共データ┈┈21, 23
コーヒーチェーン店┈┈107-108
国民の党┈┈38, 71, 76, 79, 187
国会議員選挙┈┈29, 46, 90, 185-187
国会先進化法┈┈29-31, 34, 72
コピペジャーナリズム┈┈161-162

## 索引

### さ

| | |
|---|---|
| 私党化 | 68 |
| 若年世代 | 118-121, 125-126 |
| 植物国会 | 29, 31, 34 |
| 職権上程 | 26-29, 72 |
| スナップチャット | 91 |
| 政策イシュー | 93 |
| 政治的偏向度 | 150 |
| 政党政治 | 84, 115, 116, 119 |
| 政党投票 | 33 |
| セウォル号 | 139-151, 153-155, 186 |
| セヌリ党 | 32-36, 38-43, 63-65, 69-70, 72-75, 77, 81, 83-85, 109-111, 150, 167, 170, 185-186 |
| セモグループ | 146 |
| センセーショナリズム | 159 |
| 選択的接触 | 60 |
| 相転移 | 131 |
| ソウル市長補欠選挙 | 98-106, 112, 185, 186 |

### た

| | |
|---|---|
| 大学授業料半額論争 | 132-139 |
| 大統領選挙 | 6, 40, 46, 52, 57, 58, 60-63, 65-66, 71-72, 81-82, 95, 133, 182, 184-187, 189 |
| 地域主義 | 40-41, 69 |
| 土のスプーン | 118, 123, 125 |
| データマイニング | 98, 134 |
| 電子政府3.0 | 21 |
| 動物国会 | 9, 26-31 |
| 共に民主党 | 34-35, 40, 71-72, 76-79, 85, 187 |

### な

| | |
|---|---|
| ニッチマーケット | 158 |
| ニューススタンド | 165-167 |
| ネガティブイシュー | 95-98, 100, 104, 106 |
| ネットセレブ | 46-54, 182 |

### は

| | |
|---|---|
| バズ | 98-101, 107, 109, 115, 124, 134 |
| 派閥政治 | 67-87 |
| ハンナラ党 | 29, 30, 38, 48, 54-55, 69-70, 72, 80, 82, 85-87, 98, 100, 132-133, 138, 184-185 |
| ヘル朝鮮 | 121-123, 126 |
| ポータルサイト | 161, 163-173, 190 |
| ホリゾンタル・リーダーシップ | 115 |

### ま

| | |
|---|---|
| マイクロターゲティング | 21 |
| マイボ | 6 |
| 未来権力 | 81-84, 185 |
| 民主化推進協議会 | 68 |
| メディア法 | 72 |

### ら

| | |
|---|---|
| 流通産業発展法 | 131 |
| 両極化 | 25-44, 58-60, 126, 158, 184, 190 |
| 類似言論 | 162-163, 173 |
| ロングテール理論 | 19 |

193

■ ビッグデータから見える韓国
　　　―政治と既存メディア・SNSのダイナミズムが織りなす社会―

■ 発行日──2017年10月6日　初版発行　　　　　　　　　　〈検印省略〉

■ 著　者──チョ・ファスン，ハン・ギュソプ，キム・ジョンヨン，
　　　　　　チャン・スルギ

■ 監訳者──木村　幹

■ 訳　者──藤原友代

■ 発行者──大矢栄一郎

■ 発行所──株式会社　白桃書房

　　　　　　〒101-0021　東京都千代田区外神田5-1-15
　　　　　　電話 03-3836-4781　FAX 03-3836-9370　振替 00100-4-20192
　　　　　　http://www.hakutou.co.jp/

■ 印刷・製本──藤原印刷

　Ⓒ Kan Kimura and Tomoyo Fujihara 2017 Printed in Japan
　ISBN 978-4-561-95138-4 C3036
　本書の全部または一部を無断で複写複製（コピー）することは
　著作権法上での例外を除き，禁じられています。
　落丁本・乱丁本はおとりかえいたします。

# 好評書

## 俊敏・積極果敢なタイガー経営の秘密
―グローバル韓国企業の強さ

マルティン　ヘンマート 著／林　廣茂・長谷川　治清 監訳

韓国企業のダイナミズムをドイツ人経営学者が剔出。サムソン電子のようなグローバルに強さを発揮する企業もありながら、一方で大きな事故が頻発する脆さも持つ韓国経営。似た文化を持つ日本にも大きな学びがあろう。

定価（本体1852円＋税）

## 小売商業の事業継承
日韓比較でみる商人家族

柳　到亨 著

ライフスタイルの変化の影響で閑散とする日本の街の商店街。一方で「後継者難」という悩み自体存在しない韓国の市場の商店主たち。日韓の商業に対する捉え方の違いを後継者問題への態度の違いを起点に炙り出す。

定価（本体3300円＋税）

## 日本の社会階層とそのメカニズム
不平等を問い直す

盛山　和夫・片瀬　一男・神林　博史・三輪　哲 編著

日本においても格差社会が問題となっているが、目立つ現象に対し、感情的な議論がなされがちである。本書は、社会階層の変化を統計に基づき、労働・学歴・性別役割などの切り口から体系的に論じ、戦後日本における不平等のありようの変化を掘り下げ、実証的な議論の礎を提示する。

定価（本体2800円＋税）

## 軍備の政治学
制約のダイナミクスと米国の政策選択

齊藤　孝祐 著

米国は中東の紛争やテロの頻発などにうまく対応できていない。本書は、軍備における問題の一端を冷戦末期の意思決定に見出した上で、さまざまな公開資料を丁寧に読み解きながら、その後どのような議論がなされ、政策選択がなされていったのか、そのダイナミズムを明らかにしている。

定価（本体3700円＋税）

白桃書房